고구려의 황홀, 디카에 담다

평양 지역 고구려 고분벽화의 디테일

고구려의 황홀, 디카에 담다
평양 지역 고구려 고분벽화의 디테일

초판 1쇄 발행 | 2020년 9월 15일

저자 | 이태호

펴낸이 | 이연숙
디자인 | 비에이디자인 허윤정
편집 | 김동관

펴낸곳 | 도서출판 덕주(德周)
출판신고 | 제2018-000137호(2018년 12월 13일)
주소 | 서울시 종로구 인사동길 19-2(와담빌딩) 7층
전화 | 02-733-1470
팩스 | 02-6280-7331
전자우편 | duckjubooks@naver.com
홈페이지 | www.duckjubooks.co.kr

ISBN 979-11-963795-7-5 (96910)

고구려의 황홀,
디카에 담다

평양 지역 고구려 고분벽화의 디테일

ᅇ덕주

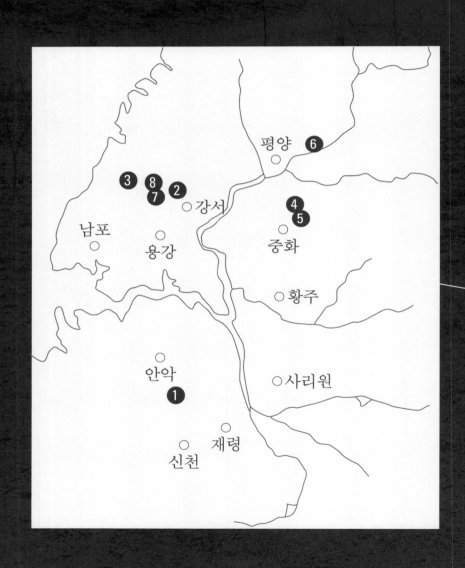

평양 ⑥

③ ⑧ ② ○ 강서
⑦

남포 ○ 용강 ○

④
⑤ ○ 중화

○ 황주

○ 안악
❶

○ 사리원

○ 재령
신천

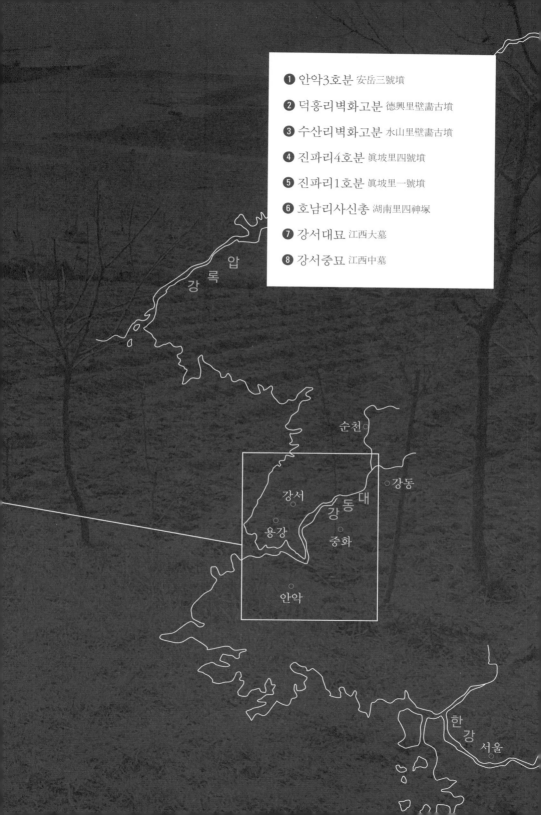

❶ 안악3호분 安岳三號墳

❷ 덕흥리벽화고분 德興里壁畵古墳

❸ 수산리벽화고분 水山里壁畵古墳

❹ 진파리4호분 眞坡里四號墳

❺ 진파리1호분 眞坡里一號墳

❻ 호남리사신총 湖南里四神塚

❼ 강서대묘 江西大墓

❽ 강서중묘 江西中墓

압

록

강

순천

강동

강서

대

강

동

용강

중화

안악

한

강

서울

고구려 벽화
디테일의 풍요로움

2006년 봄, 나는 평양 지역 고구려 벽화고분을 조사하는 남북 공동 조사단에 참여했다. 조사단은 남측에서 11명, 북측에서 7명의 전문가로 꾸려졌다. 조사는 4월 19일부터 5월 2일까지 진행되었다. 조사하는 분야는 벽화 보존 진단, 고고학적 조사, 구조 진단, 안료 분석, 역사학적 조사, 생물학적 조사로 나뉘었다. 나는 '미술사적 조사'를 맡았다. 전문가 중에 벽화 보존 진단과 안료 분석을 맡은 국립문화재연구소 보존과학팀 김순관과 홍종욱 연구원은 명지대에서 석사논문을 지도한 인연이 있었다. 또 안료 분석에 참여한 안병찬 경주대 교수는 국립중앙박물관에서 근무하며 알았던 동료여서 반가웠다. 안타깝게도 고인이 되었다.

벽화 보존 진단은 한경순 건국대 교수, 고고학적 조사는 정인성, 구조 진단에는 강현, 생물학적 조사는 정용재, 역사학적 조사는 정호섭 선생이 함께했다. 사진은 문화재 촬영 전문가인 김광섭 케이투사진

연구소 소장이 맡았다. 유홍준 문화재청장과 김봉건 국립문화재연구소장이 전반부에 참여했고, 문화재청 이종희 사무관과 중앙일보 박정호 차장이 끝까지 동행했다. 총괄 조사단장은 당시 남북역사학자협의회 고구려특위 위원장인 최광식 고려대 교수였다. 1980년대 영남과 호남 지역 소재 대학 간의 교류 사업으로 만났던, 최 단장은 후에 이명박 정권 시절 국립중앙박물관장, 문화재청장, 문화관광부장관을 역임했다. 북측 조사단 7명은 문화보존지도국에서 리승혁, 홍승철, 리기웅, 사회과학원에서 지승철, 최준경, 김일성종합대학에서 리광희, 박준호 선생이 참여했다.

이 조사를 종합한 보고서는 두 권의 책으로 나왔다. 1권은 '조사 보고', 2권은 '도판'으로 구성되었다. 1권 '조사 보고'는 남측 연구자가 8편, 북측 연구자가 4편의 글을 실었다. 남측에서 게재한 글로는 정인성의 「평양일대 고구려 벽화고분의 고고학적 조사」, 강현의 「고구려 고분 보존을 위한 건축학적 조사」, 이태호의 「평양지역 8기의 고구려 벽화고분」, 정호섭의 「고구려 벽화고분 명문자료의 재검토」, 김순관·한경순의 「고구려 고분벽화의 보존상태 조사」, 안병찬·홍종욱의 「고구려 고분벽화의 안료분석」, 정용재·채순기·홍정기의 「고구려 벽화고분 생물·환경 조사」, 최광식의 「종합적 고찰」이 있다. 북측 연구자가 실은 글은 리기웅의 「고구려벽화무덤의 보존관리」, 송순탁의 「고구려벽화무덤의 현황과 몇 가지 학술적 문제에 대하여」, 최준경의 「고구려벽화무덤의 특징과 문화사적 지위」, 박준호의 「동명왕릉 일대의 고구려벽화무덤들에 그려진 산수화에 대하여」가 있다.(『남북 공동 고구려 벽화고분 보존실태 조사보고서』 제1권 조사보고, 국립문화재연구소·남북역사학자협의회, 2006. 9.)

조사 대상은 안악3호분安岳三號墳, 덕흥리벽화고분德興里壁畵古墳, 수산리벽화고분修山里壁畵古墳, 진파리4호분眞坡里四號墳, 진파리1호분眞坡里一號墳, 호남리사신총湖南里四神塚, 강서대묘江西大墓, 강서중묘江西中墓로 평양 주변과 황해도에 분포한 고구려 벽화고분 여덟 기이다. 안악3호분은 고구려 수도였던 평양의 남쪽 황해도에 소재한다. 평안남도 남포시 강서구역의 덕흥리벽화고분과 수산리벽화고분 그리고 대안시의 강서대묘와 강서중묘는 평양의 서쪽 대동강 유역 평야지대에 있다. 평양시 력포구역 용산리의 동명왕릉 부근 진파리1호와 진파리4호분, 평양시 삼석구역 호남리의 호남리사신총은 평양시의 동쪽 들판을 낀 구릉지에 있다. 이들과 가까운 강서소묘, 진파리7호분과 동명왕릉도 함께 살폈다.

고구려 벽화고분는 백여 기에 이른다. 그에 비하면 책에 실은 여덟 기는 적은 수다. 아쉽게도 중국 길림 집안시 통구 지역의 벽화고분은 다루지 못했다. 하지만 고분의 규모와 구조 그리고 현재 남아 있는 벽화의 기법과 내용으로 볼 때, 2006년에 실견實見하고 디지털카메라로 촬영한 여덟 기는 고구려의 벽화고분을 대표한다 해도 손색없다.

안악3호분과 덕흥리벽화고분은 357년과 408년이라는 제작 연도를 가늠할 묘지명문墓誌銘文이 있고, 무덤 주인 초상화와 공적·사적 생활상으로 벽화고분의 초기 양상을 잘 볼 수 있다. 수산리벽화고분은 광대놀이를 감상하는 무덤 주인 가족들의 그림으로 고구려의 생활과 풍속을 읽을 수 있다. 강서대묘와 강서중묘의 사신도는 고구려 최고의 회화 수준을 자랑한다. 또 강서대묘 천정의 산악 그림을 비롯해 진파리4호분의 연못 그림과 진파리2호분의 소나무 그림에 구사된 실제감 표현은 당대 동아시아 미술사에서 가장 발전한 산수화로 꼽을 만하다.

2006년 조사에서 아주 가까이서 벽화를 관찰하였는데, 그토록 광채 나는 고구려의 색깔은 무엇보다 황홀했다. 그때 디카에 담은 색채의 향연이 지금도 아른하다. 안악3호분에서 본 빨갛게 농익은 가을 고추 같은 선홍색과 광채를 내는 귀면 눈의 초록색, 진파리1호분에서 본 핏빛 적갈색, 강서대묘와 강서중묘에서 본 탐스런 홍시의 주홍색은 고구려 사람들이 얼마만큼 붉은색을 사랑했는지 알게 해준다. 특히 평양 지역 호남리사신총과 강서대묘, 강서중묘의 후기 석면에 그린 벽화는 보존 상태나 채색 기술이 뛰어나 1,400여 년이나 묵었다고는 믿기지 않게 생생했다.

또 디지털카메라에 벽화의 디테일을 담으며, 벽면에 먹 선묘와 색을 올린 붓 터치는 다양한 기법으로 생동한다. 안악3호분의 석면 붓질은 넓은 편으로 색을 선명하게 드러낸다. 덕흥리벽화고분이나 수산리벽화고분 같은 회벽화의 붓질 감각은 회벽이 마르기 전에 그려야 되기에 빠른 속도감이 느껴진다. 묘사 기량이 크게 성장한 후기

사신도 벽화에서 붓 맛은 더욱 출중하다. 이것이 내가 디카를 들고 고분 내부를 돌아다니며 촬영한 사진들을 모아모아 고구려 고분벽화 집을 출간하게 된 동기이다.

　2006년 조사 전까지만 해도 나는 사진을 찍거나 강의용 이미지로 슬라이드 필름을 애용했다. 간혹 내 강의를 들었던 이들은 환등기 불빛과 어울어진 찰칵찰칵 화면 넘김 소리가 남긴 향수를 그리워하곤 한다. 고구려 고분벽화 조사를 위해 디지털카메라를 처음으로 샀고, 이 계기로 강의도 피피티로 바꾸게 되었다. 드디어 내가 디지털시대에 진입한 셈이다. 첫 카메라는 라이카-루믹스 소형으로 기억한다.

　방문한 고분마다 머무는 시간은 짧았다. 처음 손을 타는 디지털카메라는 익숙하지 않았다. 하지만 여건이 허락된다면 어쨌든 찍어댔다. 종종 다른 이의 조사를 방해하기도 했다. 아마 김광섭 사진작가가 제일로 불편했으리라. 내 카메라와 김 작가의 대형 카메라의 디지털 코드가 맞았는지, 셔터를 누르면 간혹 김 작가의 조명등이 동시에 터졌다. 더구나 높이 3미터 가량의 습하고 어두운 고분 안에서 촬영하기란 쉽지 않았다. 안악3호분, 덕흥리벽화고분, 수산리벽화고분, 강서대묘, 강서중묘의 묘실에는 관람용 유리장이 시설되어 있었다. 이렇게 유리장이 있는 곳은 더욱 어려웠다. 그래서인지 유리장 없던 호남리사신총, 진파리1호분과 진파리4호분에서 찍은 사진들은 비교적 밝고 선명하다.

　묘향산 보현사 답사나 대동강 일출, 일상생활까지 평양에 머물었던 두 주 동안 1,500컷을 넘게 찍었다. 물론 벽화 내에서 촬영한 사진들은 규정에 따라 조사단에 제출했다. 그런데 나중에 본 보고서에는 내 사진이 안 보였다. 디지털카메라가 소형이라서 해상도도 낮았고, 따로 사진 전문가가 동행했으니 당연하다. 하지만 보고서 도판을 훑어보니, 내 것이 벽화의 디테일한 부분이 꽤 살아 있었다. 색감만 봐도 내 것이 오히려 밝고 벽화의 색조에 가깝다고 생각되었다.

하여튼 조사에 참여하여 촬영한 덕에 고구려 고분벽화 면에서 남부럽지 않은 부자가 되었다. 마침 2008년 동북아역사재단에서 전시 기획 요청이 들어왔다. 고구려 고분벽화 관련 특별전이 오사카 한국문화원에서 열렸고 내가 큐레이터를 맡게 되었다. 전시 주제는 '고구려의 색, 한국의 색'으로 잡았고, '작품 오늘'의 김현수 사장 팀과 연대해 전시를 꾸몄다(李泰浩 企劃, 『高句麗の色-韓國の色』, 東北亞歷史財團-駐大阪韓國文化院, 2008. 11. 12~11. 21). 2006년 평양 지역 고구려 고분벽화를 촬영했던 김광섭 소장의 사진을 중심으로 하고, 내가 찍은 디테

〈고구려의 색, 한국의 색〉의 전시를 열었던 오사카 한국문화원에서 사진작가 김광섭(좌)과 염장 한광석(우)과 함께(2008. 11.)

일 사진도 보태서 패널을 만들었다. 사진을 촬영한 이의 눈으로 색채를 직접 보정했기에 벽화의 원색에 가장 근사한 사진을 내보인 셈이다. 전시장에는 한국의 자연이나 꽃을 담은 사진과 염장 한광석 선생의 전통 염색 작품이 곁들여, 고구려 고분벽화의 색채가 곧 한국인의 색 감각이라는 생각을 펼쳐 놓았다.

또 풍부한 사진 자료로 고구려 고분벽화 강의에서 생생하고 감명 깊은 이미지를 보이게 되었다. 평양을 다녀온 이후로 대학원 한국고대회화사 수업에 고구려 고분벽화의 이미지로만 한 학기를 채울 수 있게 되었다. 서너 학기마다 고구려 벽화 강의를 진행했다. 화집이라도 하나 엮어 볼 요량으로 강의 때마다 녹취했다. 그럼에도 더 실견해야 하고 사진을 더 곁들여서 완벽한 책으로 내야 한다고 생각해 왔다. 물론 게으르기도 했다. 이래저래 미루다 2017년 2월 대학에서 정년을 맞았다.

책의 인연은 2019년 10월 인사동에서 불거졌다. 불교 미술의 실기와 이론 강좌를 운영하는 무우수아카데미와 인연이 닿아, 고구려 고분벽화 강좌를 열게 되었다. 10월 한 달 동안, 고구려와 고분벽화의 개요, 인물풍속도, 사신도, 산수화, 그리고 남쪽의 고분벽화를 주제로 5강을 꾸렸다. 과정 중 연휴를 끼고 10월 3일부터 6일까지 3박 4일 동안, 24명이 함께 길림 집안 지역 국내성, 산성하 고분군, 대우산 아래 무용총과 각저총, 오회분 등 벽화고분과 광개토대왕비, 광개토대왕릉, 장군총, 집안박물관을 둘러보았다. 답사 도중에도 강의했으니, 총 6강인 셈이다.

나로서는 2007년 여름에 이은 두 번째 여정이었다. 통구오회분 5호묘가 폐쇄돼 아쉬웠지만, 유적지가 이전보다 잘 정비되어 새롭게 현장의 사진도 추가할 수 있었다. 옛 고구려 땅과 고구려 사람들을 기리며, 〈길림 대우산 아래 고구려 무용총과 각저총〉과 〈호태왕릉에서 굽어본 압록강과 북녘 산세〉 등 40여 점을 스케치하기도 했다. 고구려 유적을 답사한 뒤 백두산에 올랐는데 파랗게 청록색 백두산 천지가 열려, 이 또한 여러 점 화폭으로 담아 왔다.

10월 말부터 2006년 평양에서 찍었던 사진을 여기저기 흩어진 자료들에서 찾아 헤매며 추렸다. 이래저래 벌써 15년이나 흘렀던 것이다. 한두 주면 가뿐하리라 여겼는데, 자료 정리도 막상 쉽지 않았다. 고분별로 벽화 사진을 모았고, 2006년 당시 보고서에 실었던 글과 고분벽화 관련 총론을 다시 다듬었다.

책의 방향을 '고분 안에서 직접 찍었던 사진들의 디테일한 풍요로움'에 두기로 했고 500여 장을 골라냈다. 사진의 배열은 고분 안으로 들어서자마자 쉽게 눈이 닿는 곳부터로 잡았다. 남쪽 입구 널길에서 출발해 무덤 앞방이나 널방에 들어서면 제일 먼저 눈에 닿는 북벽, 그 다음 동벽, 남벽, 서벽 순으로 실었다. 주벽을 다 살피면, 천정 벽화로 북, 동, 남, 서의 시계방향으로 배열했다. 유리장이 가로막아 촬영하기 옹색하거나 전체 벽을 다 담기 어려운 것은, 다른 도록에 실린 도면이나 사진을 옮겨와 재사용했고, 주로 고분별로 설명글에 배치했다. 간혹 본문 사진으로도 동료 조사단원이었던 김광섭 작가의 사진을 사용했다. 2008년 오사카 전시에서 썼던 사진을 빌리기도 했고, 2006년 보고서에서 찾아서 스캔하기도 했다.

이 책은 도록 화집으로도, 연구서로도 부족하다. 남북이 원활하게 소통이 이루어져 좋은 여건 아래 화보집이나 연구서가 발간된다면,

이태호, 백두산 가을 천지, 2019. 10, 종이에 수묵담채, 64x24cm

이태호, 길림 대우산 아래 고구려 무용총과 각저총, 2019. 10, 면지에 수묵, 64x24cm

이태호, 호태왕릉에서 굽어본 압록강과 북녘 산세, 2019. 10, 면지에 수묵, 64x24cm

내 책은 파기해도 무방하리라 판단된다. 그때까지는 고분벽화 연구자나 벽화에 관심 두는 예술가, 혹은 후배들에게 도움이 되었으면 좋겠다. 사진을 정리하다 보니, 조사에 참여한 분들께 불편을 끼친 일이 새삼 떠올랐다. 당시 조사단 연구원들과 사진 담당 김광섭 작가에게 감사드린다. 조사단 참여를 가능케 해 준, 당시 책임자였던 유홍준 전 문화재청장과 최광식 전 단장에게 감사드린다.

고구려 고분벽화는 물론 내가 40여 년 찍어 온 문화재 답사 사진에 대해 홍석근 편집장의 관심이 있었기에 이 책이 나오게 되었다. 또 이 책이 책답게 만들어진 것은 낮은 용량의 내 디카 사진을 적절히 편집해 준 허윤정 디자이너의 솜씨 덕이다. 마지막으로 여러모로 어려운 여건에서 선뜻 출간을 결정해 준 무우수아카데미 이연숙 원장에게 큰 빚을 지게 되었다.

2020년 8월
효은서실曉垠書室에서 이태호

차례
Contents

인물풍속도 고분

사신도 고분

기세차고
화려한
고구려
고분벽화

고구려는 4~7세기 300여 년간 100여 기基가 넘는 벽화고분을 조성했다. 고구려의 옛 수도인 통구通溝 주변으로 길림성吉林省 집안集安과 환인桓因에 30여 기가 알려져 있다. 평양 지역에는 평안도 순천順川에서 황해도 안악安岳과 사리원沙里院에 이르기까지 70여 기가 폭넓게 분포되어 있다. 왕족이나 귀족의 무덤 그림인 고분벽화는 고구려 회화가 도달한 수준 높은 예술성을 뽐낸다. 동아시아에서 가장 너른 영토를 장악하고 강력한 패자로 군림했던 고구려 전성기, 최고의 문화유산이다.

1. 나와 고구려 고분벽화

미술사 공부의 초입부터 나는 고구려 고분벽화와 인연이 각별했다. 벽화에 그려진 '산과 나무'의 그림을 모아서 석사논문을 썼다.[1] 이어 고구려 고분벽화에 보이는 '해와 달'을 정리했다.[2] 1979년 6월부터 1982년 5월까지 북한연구소가 발행하던 월간 『북한北韓』에 고분별로 나누어 36회에 걸쳐 연재했다.[3] 그러나 고구려 고분벽화를 계속 붙들고 있기에는 여건이 허락지 않았다. 조선시대의 서화를 중심에 두고 일해야 했고 그에 대한 글을 쓸 수밖에 없었다. 이 시절에 국립중앙박물관 미술부에서 근무하다가 국립광주박물관 학예연구사(1980)로 내려갔고, 전남대학교 미술교육과 교수(1982)로 옮기게 되었다.

이후 고분벽화의 도판을 초점으로 해설하거나 삼국시대의 회화를 정리하기도 했다.[4] 1987년 석사논문을 확장하여 보완했다.[5] 1995년 문화재청장을 지낸 유홍준 교수와 공저로 그동안 모은 도판들을 챙겨서 대형 화집으로 꾸몄다.[6] 이 화집의 별권으로 낸 벽화고분 해설은 월간 『북한』에 연재한 글들을 보완해 다듬었으며, 이 책에 쓴 글의 밑거름이라 할 만하다.

1998년 9월 나는 고구려 고분벽화를 처음 실견했다. 제주의 강요배 화백과 금강산을 답사한 후 평양 주변의 동명왕릉과 덕흥리벽화고분, 강서대묘와 강서중묘를 관람했다. 당시는 첫 방북이어서 흥분해 있었고 게다가 유리장 밖에서 본 터라, 벽화의 진면목을 맛보기는 힘들었다.[7] 그때보다 2006년 4~5월 평양 지역 고구려 벽화고분의 보존 실태를 조사하는 남북 공동 조사단에 참여할 때는 유리장 안에 들어가 벽화의 상태를 눈앞에서 직접 대면했다. 보존 상태는 물론이거니와 벽화의 표현 기법과 색채를 면밀히 살펴볼 수 있었다. '이제는 고구려 고분벽화를 말할 수 있겠다' 싶을 만치 자신감도 얻었다. 그동안 실견도 못한 채로 고구려 고분벽화를 글로 다루었기에 더욱 그러했다.

2000년대 와서 벽화고분에 대한 글의 청탁이 늘었고 조사 작업에도 참가했다. 2003년에는 1998년 실견한 3기의 벽화고분을 바탕으로 벽화의 표현 방식에 관한 글을 발표했다.[8] 또 중국의 동북공정에 맞대응하는 분위기에 편승해, 일간지의 지면을 빌려 연재도 하고 글도 썼다.[9]

2006년, 책머리에서 밝힌 대로, 나는 남북 공동으로 한 고구려 벽화고분의 보존 실태 조사 작업에 참여했다. 조사하고 나서 8기의 벽화에 관한 내용과 화풍을 보고서에 실었다.[10] 이후 고구려의 색에 관심을 갖고 글을 쓰거나 전시를 기획했다.[11] 동북아역사재단의 요청으로 객원 큐레이터를 맡아 오사카 한국문화원에서 열린 '고구려의 색, 한국의 색' 전시는 아사히신문에 기사화되었고, 현지인들도 주목했다. 한편 고구려의 산수화를 다시 알릴 계기가 생겨서 추가된 자료를 포함하여 발표했다.[12]

2003년 사신도 표현 방식에 대한 발표는 두 가지 주장을 펼쳤다. 먼저 네 방향에 사신을 세팅하기와 그 형상으로 볼 때, 사신도 벽화는 백제에서 시작되어 고구려 후기에 유행했다는 의견을 냈다. 523년 세상을 떠난(왕비는 526년) 무령왕릉 옆 송산리6호분의 사신도 사례를 들어서, 백제 무령왕릉과 송산리6호분의 전돌, 왕과 왕비의 머리에 쓴 금관 장식의 연꽃무늬와 인동무늬를 고구려 진파리4호분과 진파리1호분의 무늬와 비교하면서 그 견해를 뒷받침했다.[13] 이는 2012년 「고구려 진파리1·4호분의 벽화와 삼국시대 후기 산수 표현」에서 다시 강조하기도 했다.[14]

또 강서대묘 사신도의 볼륨과 입구 가장자리 인동무늬의 도드라진 양감을 만져 보고 저부조로 형상을 뜨고 석면벽화를 그렸다고 피력했다. 1998년 유리장 너머로 실견했던 흥분이 가시지 않은 상태에서 섣불렀다. 2006년 직접 벽면을 대하니, 특히 현무도의 뒤틀린 뱀의 묘사는 착각할 정도로 입체감이 선명함을 확인했다.

나는 그 이후 영주 순흥 지역 벽화고분도 고구려로 보았다.[15] 고구려 후기 석면화 사신도의 영향으로 제작된 백제 능산리 동하총벽화고분도 재검토했다.[16] 이 외에도 복식사 연구자와 놀이웃을 중심으로 고구려 복식에 대한 공동 논문도 발표했다.[17] 또 우리나라 쌍검무의 기원을 안악3호분 대행렬도에 등장한, 활과 검을 각각 소지한 두 무인의 대련 형식 춤에서 찾기도 했다.[18] 유재서 교수와 공저로 캐나다에서 영문판 공저를 내기도 했다.[19]

2. 회벽이나 석면에 그린 고구려 고분벽화 수법

고구려 고분벽화는 크게 회벽화灰壁畵와 석벽화石壁畵 두 방식으로 제작되었다. 먼저 주로 많이 활용된 기법이 회면화법灰面畵法이다. 벽돌이나 잡석 혹은 다듬은 돌로 묘실을 쌓고 석회를 발라 평평한 화면을 만든 다음, 그 위에 그리는 방식이다. 화면이 마르기 전에 그림을 그린 프레스코fresco 기법으로, 4~6세기 인물풍속도 벽화고분에 주로 쓰인 가장 보편적인 습식 벽화법濕式 壁畫法이다. 근래 화면이 마른 위에 개가죽아교와 같은 접착제를 섞어 채색하는 프레스코 기법이 아닌, 건식 벽화법乾式 壁畫法인 세코secco 기법이 이용되었을 가능성도 제기된 바 있다.[20]

평양 주변의 덕흥리벽화고분, 수산리벽화고분, 쌍영총이나 통구 지역의 무용총, 각저총, 삼실총, 장천1호분 등의 회벽화를 보면, 고구려는 석회를 다루는 기술이 최고였다. 불순물이 적고 순도가 높은 석회 혼합기술을 가졌다고 한다. 그런 탓에 고구려의 회벽화는 화면이 떨어진 부분을 제외하면 변색이 적고 색상이 선명한 편이다.

다음으로 너른 판석이나 반듯하게 자른 돌로 묘실을 정교하게 축조하고 돌 위에 직접 그린 석면화법石面畫法이 있다. 기본적으로 양질의 화강암이 나는 지역이어야 가능한 화법이다. 같은 시기 중국이나 세계 벽화사에서 유래를 찾을 수 없는 고구려만의 독자 방식이다. 이 화법으로 그려진 벽화는 대개가 방금 전에 그린 듯하고, 무덤 내부의 장엄 효과도 높다. 석벽화 첫 사례는 4세기 중엽 안악3호분이 있고, 이 외에 호남리사신총, 강서대묘와 강서중묘, 통구사신총, 통구오회분通溝5盔墳 4호와 5호묘 등 6세기 후반에서 7세기 중반, 고구려 후기의 사신도 벽화고분에만 보인다. 고구려 후기 경제력이나 문화의 진보에 따라 발전한 벽화 기술이다.

이처럼 고구려인의 삶과 신앙을 무덤에 재현한 고분벽화들은 일정한 유형과 변화를 보인다. 하지만 그림의 소재부터 묘사 방식까지 닮은꼴이 하나도 없다. 동일 계층의 인물이더라도 복색이 각기 다르고, 같은 주제도 조금씩 달리 묘사되었다. 벽화마다 각기 다른 개성은 시대에 따라 화가들이 무덤 주인의 신분과 생애를 고려하여 '무엇을 어떻게 그릴 것인가'를 모색한 증거이다.

석조묘실의 모줄임천장 가구법과 함께 무덤 주인의 초상화, 풍속도, 설화도, 사신도, 해와 달과 별자리, 상서로운 동식물이나 신선상, 연화, 구름, 인동문, 당초문의 장식 등을 살펴보면, 그 고민을 해결하려고 다양한 문화를 섭렵했음을 알 수 있다. 한漢, 남북조南北朝, 수隋, 당唐의 중국 미술은 물론, 중앙아시아나 서아시아, 그리고 동유럽에 이르는 서역의 문화까지 도상圖象들의 수집 폭이 넓다. 고구려는 개방적인 태도로 남의 것을 수용하여 자기 문화의 중심으로 끌어들일 정도로 자신감을 가졌다고 생각된다. 그만큼 문화 교류의 폭이 넓고 고구려의 문화 역량이 대범했음을 엿볼 수 있다.

3. 벽화의 내용과 화풍 변화

고구려의 옛 수도인 평양과 통구 지역에 분포된 100기가 넘는 벽화고분은 고분의 구조나 벽화의 내용 그리고 묘사 방식으로 보아 크게 세 시기로 구분된다. 초기는 4세기 중엽부터 5세기 초, 중기는 5세기 중엽부터 6세기 중엽, 후기는 6세기 후반부터 7세기 전반에 해당한다. 초기와 중기에는 대체로 무덤 주인 초상화를 비롯하여 무덤 주인의 가내생활, 행렬도, 사냥, 씨름, 무악, 불교 축제인 칠보 행사 등 인물·풍속도가 유행했다. 후기에는 청룡, 백호, 주작, 현무의 사신도四神圖를 주제로 한 벽화고분만이 조성되었다.[21] 전 시기에 걸쳐 사신도 외에도 상상의 동물화, 천정화의 연꽃무늬나 인동당초무늬, 견우와 직녀, 천왕과 지신, 해신과 달신 등의 신선 그림들은 불교와 도교에 심취했던 고구려인의 신앙이 잘 나타난다.

한국인의 고유한 삶이 담긴 4~6세기 인물풍속

안악3호분(357년경)이나 덕흥리벽화고분(408년) 태성리1호분 등 황해도 안악이나 평양 지역의 초기 벽화고분에는 신격화된 무덤 주인의 초상화가 중심을 이루고, 중국풍의 기물과 복식을 빌어 권위를 실었다. 그리고 대규모 행렬도나 아래 관료들과의 대면식 같은 궁궐이나 관청 행사를 배치했고 부엌, 푸줏간, 마구간, 외양간, 차고와 같은 가내생활家內生活을 곁들였다. 무덤 주인의 공적 혹은 사적인 생활상 그림은 당대의 훌륭한 풍속도인 셈이다. 이들은 천정화와 함께 광개토대왕(廣開土大王, 재위 391~413년) 시절까지 고분벽화의 제의 방식이 정착되었음을 보여 준다.

5세기 중엽 이후, 중기에는 근엄하게 신격화한 초상화 방식이 사라진다. 고구려식 바지저고리 차림의 무덤 주인이 한 인간으로 살았던 다양한 일상생활 장면으로 바뀌었다. 전별도, 손님맞이, 가족 나들이, 광대놀이, 절에 가는 행렬, 부처에게 예배, 불교 축제인 칠보 행사, 무악, 사냥, 씨름 등을 한 폭의 여유로운 풍속화로 풀어낸 것이다. 물론 쌍영총雙楹塚이나 수산리벽화고분 등 몇몇 평양 지역 고분벽화에서 중국식 포류袍類를 입은 무덤 주인의 예도 없지 않지만, 장천1호분長川1號墳, 무용총舞踊塚, 각저총角抵塚, 삼실총三室塚 등 통구 지역의 벽화고분에는 중국식 의상이 거의 보이지 않는다.

한편 중기에는 통구의 장천1호분, 무용총, 삼실총과 평양의 약수리벽화고분藥水里壁畵古墳, 쌍영총, 매산리사신총(梅山里四神塚, 일명 수렵총狩獵塚) 등 인물풍속도에 사신도가 벽면이나 천정에 등장한 사례도 보인다. 또 벽면을 연화무늬, 귀갑무늬, 둥근 동심원무늬 등 장식으로 채운 연화총蓮花塚, 귀갑총龜甲塚, 환문총環紋塚 같은 별격의 벽화고분도 제작되었다. 소재가 풍부해진 만큼 중기의 벽화고분은 회화적 기량도 크게 진전되었다. 채색이 밝아지고, 대상 묘사가 정확해졌다. 소재에 따라 활달하거나 섬세한 선묘가 공존했다. 천정화를 중심으로 도교적인 소재와 함께 연꽃무늬를 비롯한 불교 신앙의 색채가 뚜렷해졌다.

이들은 장수왕(長壽王, 재위 413~491년) 시절, 427년 평양 천도 이후 광대한 제국을 안정적으로 경영하게 된 결과로 짐작된다. 5세기 중엽에서 6세기 중엽까지 평양 지역을 중심으로 가장 많이 축조된 벽화고분이 시대상을 입증해 준다. 4세기에서 5세기 초까지 벽화고분이 10여 기이고 6세기 후반 이후의 사신도 고분이 10여 기 정도인데 비하여, 5세기 중엽에서 6세기 중엽까지 60~70여 기가 몰려 있다. 벽화의 내용도 앞서 말한 것처럼 사실주의적인 생활풍속도가 주류를 이룬다. 이는 고구려의 번영에 따라 형성된 상류층의 삶과 정신, 곧 고구려 전성기의 사회상을 충분히 드러내 준다.

4~6세기 인물풍속도 고분벽화에 등장하는 남녀 인물상의 의상이나 무악, 씨름 등은 중국의 것들과는 현저히 다르다. 또 복식은 물론이고 철제 갑옷, 손수레, 이층 누옥樓屋 등도 백제, 신라, 가야 땅에서 출토되는 실제 유물과 닮은 것이 많아서 삼국시대 한반도 문화

의 동질성을 시사한다. 떡시루의 부엌, 춤과 씨름 그리고 소와 관련된 문화는 요즘도 민속 문화로 자리 잡고 있거나 근래에야 사라진 점으로 미루어 봐도, 분명 고구려인이 우리의 선조이자 고구려와 현재의 우리가 한 민족임을 알 수 있다.

기백이 넘치는 6~7세기 사신도 벽화

고구려 후기, 6세기 후반에서 7세기 전반의 후기 고분벽화는 생활풍속도가 자취를 감추고 사신도를 주제로 삼는다. 다실多室이나 양실兩室, 단실單室 등 다양한 구조의 석축 묘실이 단실로 정착되면서, 실내의 네 벽에 동서남북 혹은 좌우전후의 방향에 맞추어 각각 청룡靑龍, 백호白虎, 주작朱雀, 현무玄武를 장식하는 묘제가 자리 잡힌 것이다. 앞서 언급한 길림성 집안 통구 지역에 통구사신총과 통구오회분 4호와 5호분이 있고 평양 지역에 석벽화로 호남리사신총, 강서대묘, 강서중묘를 포함하여 회벽화로 진파리1호와 진파리4호분, 내리1호분 등 10여 기가 전한다. 후기의 사신도 벽화는 당대 동아시아 미술사를 대표할 만한 색채와 조형미를 지니고 있다.

고구려 후기 사신도 벽화고분이 정착한것은 새로운 시대상의 변모와 관련 있다. 곧 사신도의 주제 선택과 회화성은 고구려 후기의 시대 형식이자 시대정신인 셈이다. 6세기 중엽 이후 고구려는 백제, 신라와 전쟁을 계속 치러야 했다. 또 중국 대륙에서 6세기 후반 수와 당나라의 등장으로 동북아의 패권을 다투어야 했다. 후기 사신도 벽화의 웅혼한 형상미와 에너지는 고구려가 여러 차례 전쟁을 치렀고, 멸망하기 직전까지 승리를 자축하곤 했던 결과인 셈이다.

내부에서도 고구려는 광개토대왕이나 장수왕 시절 중앙집권적 권력체제가 6세기 중엽 이후 분화되면서 이른바 귀족 연립체로 변모했다. 이러한 국내외 정세 변화 와중에 도교를 표방한 연개소문(淵蓋蘇文, ?~665년) 정권이 형성되었다. 악귀를 막아 달라는 벽사辟邪와 수호신의 의미를 지닌 사신도의 유행은 이런 도교 시대의 문화지형을 적절히 시사한다고 생각된다. 사방을 지키는 청룡, 백호, 주작, 현무는 중앙의 황룡, 해와 달의 음양과 더불어 도교의 음양오행설과 관련 있기 때문이다. 그만큼 전쟁 중이던 고구려 후기의 사회에 도교가 불교 못지않게 생활신앙으로 자리했음을 말해 준다. 이런 가운데 기백이 넘치고 활기찬 후기 벽화의 표현이 가능했을 터이다.

4. 고구려의 색채미

무덤 내부를 물들인 색채의 향연

고구려다운 웅혼한 형상미와 더불어 고분벽화의 또다른 아름다움은 색채미에 있다. 2006년 평양 지역 고분 8기를 실견하면서 받은 가장 큰 감명은 선명한 색채였고, 그 보존 상태였다.

당시 조사에서 벽화의 안료도 분석되었다. 색채를 잘 보존시킨 회면이나 석면에서 양질의 광물성 물감을 확인했다. 가장 눈에 띄는 색채는 붉은색이다. 빨강색은 귀족층인 무덤 주인을 나타내는 권위의 상징이겠고, 무덤 안을 지키는 벽사의 의미로 그리 많이 썼던 것 같다. 붉은색 계열로 적갈색赤褐色은 석간주石間硃, hematite이고, 주색朱色은 진사辰砂, cinnabar나 황화수은黃化水銀, HgS의 vemillion으로 점쳐졌다. 황색黃色은 황토黃土, Goethite이고, 녹색綠色은 녹청綠靑인 공작석孔雀石, malachite이나 녹토綠土, green earth로 조사되었다. 석간주, 황토, 녹토는 철분안료鐵分顔料이고 진사나 녹청은 동안료銅顔料이다. 석회 바탕을 제외하고 사용한 백색白色의 대부분은 고급 인공 안료인 연백鉛白, Lead white이었다. 흑색黑色은 윤기 나는 먹이었다. 청색靑色, blue은 뚜렷한 사용 흔적을 발견하지 못하였다.[22]

이들 물감의 색상을 선명하게 내기 위해서 흰 밑바탕칠을 한 위에 채색을 얹기도 했다. 안악3호묘에 잘 나타나 있고, 강서대묘나 강서중묘의 석벽화石壁畵가 뚜렷한 효과를 본 경우이다. 안악3호묘의 묘실은 붉은 방을 연상케 할 정도이고, 특히 강서중묘의 주작도는 흰 바탕 위에 주색의 효과는 어느 벽화보다 출중하다. 회벽화의 쌍영총이나 수산리벽화고분처럼 부분적으로 연백의 흰 물감을 바탕으로 삼는 기법이 활용되었다. 이는 일본의 다카마쓰츠카高松塚벽화 수법에도 나타난다. 석간주에 연백을 섞은 살색 표현, 진사에 연백을 섞은 분홍색, 녹토와 황토와 연백을 섞은 연두색 등과 같은 중간색도 화사하면서 투명한 색감을 보여 준다.

황갈색이나 녹갈색, 흑갈색 류의 갈색조도 다채로운 채도와 명도를 보인다. 진파리1호분에 들어서면, 북벽 현무도의 좌우에 늘씬하게 서 있는 녹청색 소나무와 갈색조의 구름무늬들이 바람에 넘실대는 듯 착각할 정도이다. 진파리4호분의 천정 받침에는 황토다짐 위에 채색했고, 녹색 표현에서는 어두운 색의 바탕칠 위에 석록을 발라 깊은 맛을 냈다. 특히 진파리4호분의 경우 그렸을 당시 벽화를 상상해 보면, 극락과 같은 환상의 방이었을 것이다. 연못 그림의 입구부터 녹색 분위기에 놓인 노랑색과 분홍색의 연꽃들 그리고 천정의 별자리를 비롯해 온 벽면에 찍은 금색 점들이 그러하다.

명랑함에서 화려한 색감으로

4~6세기 인물풍속도 고분벽화에 등장하는 남녀 인물상의 의상에는 고구려인의 색채 감각이 여실히 드러난다. 남녀의 바지저고리나 여성의 치마저고리 같은 투피스 복장을 즐겼고, 도포 형식의 롱코트형 겉옷을 걸치기도 했다. 투피스의 경우 상의와 하의의 색깔을 다르게 입는 콤비네이션 조합은 현대적인 패션 감각과 근사하다. 흰색과 노랑색, 노랑색과 적갈색, 흰색이나 분홍색과 검정색 등의 남자 바지저고리 패션은 물론이거니와 여자들의 색동치마에 받쳐 입은 검은 저고리, 붉은 겉옷에 걸친 흰 앞치마, 검은 저고리의 붉은 당초문 띠, 그리고 흰 바탕의 검은 물방울무늬나 노란 옷의 붉은 점무늬 등 장식이 그러하다.

고위층 인물상들은 검은색이나 흑갈색의 짙은 색에 다채로운 무늬를 장식한 옷으로 권위를 나타냈다. 그에 비해 일반 관료나 서민은 흰색이나 노랑색, 적갈색 등에 단순한 무늬의 옷을 입었다. 덕흥리벽화고분을 보면, 5세기 초 평양 지역에서 민무늬의 적갈색과 노랑색과 연두색을 조합한 의상들이 유행했음을 알 수 있다. 통구 지역 5세기의 무용총이나 삼실총, 장천1호분에는 흰색과 노랑색 바탕에 붉거나 검은 점무늬와 띠가 명랑한 복식미를 보여 준다.

후기 사신도 벽화는 앞 시기와 또 다른 화려한 색채 감각을 보여 준다. 섬세한 현상 묘사의 웅혼한 조형미와 함께 당대 동아시아미술사를 대표할 색채미를 지녔다. 어찌 보면 고구려 후기의 형상 표현과 색채가 우리의 통상적인 미학적 상식을 벗어나 있기도 하다. 흔히 '섬세하다'라거나 '화려하다'는 표현은 힘차다는 개념과 어울리지 않는다. 그런데 고구려 후기 벽화의 사신도는 황룡, 봉황, 기린, 비천이나 천인 같은 상상의 도상들과 함께 치밀한 선묘로 힘차고 유연한 형태의 리듬감을 구현했다. 여기에 화려한 채색을 덧씌웠다. 특히 보색대비의 빨강과 초록, 빨강과 노랑과 초록과 갈색을 병치한 입체 표현은 형상의 기운을 넘치게 한다.

최근 우리 옻칠화를 접하면서, 나는 고구려 후기 석면에 직접 그린 사신도 벽화가 옻칠기법을 병행했을 가능성에 대해 수긍했다.23 특히 부조화법으로 착각했던 강서대묘 현무도의 디테일에서 볼륨감과 투명도, 벽면의 누런 바탕질을 다시 검토하며, 변색이 거의 없는 1,500여 년의 생생한 보존 비결도 옻칠기법과 무관하지 않겠다는 생각도 들었다. 그래서 옻칠화에 대한 입문서 발간에 추천사를 써 주기도 했다. 나는 이 개념으로 한광석 염장의 천연염색을 곁들여, '고구려의 색, 한국의 색'이라는 해외 전시를 기획했다.24

고분벽화의 색채미는 고구려의 색만이 아니라 한국의 색채 정서를 대변한다. 고려 불화나 조선 불화, 조선시대 궁중장식화나 채색화, 민화의 다채롭고 화사한 원색조 색채 감각과 보색대비의 색채 조합이 고구려 벽화와도 유사성을 지닌다. 적, 주, 황, 녹, 갈색 등 고구려 사람들이 즐긴 화사한 원색조가 그러하다. 특히 보색대비를 이루는 적색과 녹색조의 배합, 적색과 황색과 녹색의 병치는 한국 민족 고유의 명랑한 색채 감각이다. 이들은 한국의 자연색을 고스란히 지니고 있다. 곧 색채들은 한국의 계절에 따라 꽃이 피고 열매를 맺는 산천의 변화와도 닮았고, 한국의 전통 천연 염색에서도 찾아볼 수 있다.[25]

5. 평양 지역 8기의 고구려 벽화고분의 위치와 의미

이 책에서 소개하는 8기의 고구려 벽화고분은 유형별로 시대적 흐름을 보이지만, 벽화고분마다 벽화의 내용, 기법, 색감 등 개성이 뚜렷하다. 평양 주변과 황해도에 분포한 안악3호분, 덕흥리벽화고분, 수산리벽화고분, 진파리4호분, 진파리1호분, 호남리사신총, 강서대묘, 강서중묘, 이렇게 8기 벽화고분은 벽화의 내용으로 볼 때, 크게 두 유형으로 구분해 볼 수 있다. 묘실 주벽에 인물풍속도를 그린 벽화고분과 사신도 벽화고분으로 나뉜다.[26]

4~5세기의 안악3호분·덕흥리벽화고분·수산리벽화고분은 무덤 주인의 초상화를 비롯하여 인물풍속화가 등장한다. 6~7세기의 진파리4호분·진파리1호분·호남리사신총·강서대묘·강서중묘는 네 벽에 청룡(동), 백호(서), 주작(남), 현무(북)를 그린 사신도 벽화무덤이다. 고구려 고분벽화는 대체로 인물풍속도에서 사신도로, 시대가 내려오면서 주제가 옮겼다고 본다. 유형 변화에서 평양 지역 쌍영총, 약수리벽화고분, 대안리1호분, 매산리사신총(수렵총) 등이나,

통구 지역 삼실총, 무용총, 장천1호분 등처럼 인물풍속도와 사신도가 공존하는 사례도 등장한다.

벽화 내용의 변화는 다실 구조에서 단실 구조로 시신을 안치하는 묘실 구조의 변화와 함께한다. 안악3호분과 덕흥리벽화고분은 다실 구조이고, 나머지는 모두 단실이다.

무덤 안이 다실 구조인 안악3호분의 석벽화는 무덤 주인 부부의 초상화와 무덤 주인의 공적, 사적인 생활상을 중심으로 삼았다. 인물이나 동물, 건물 그림에 사용된 윤기 나고 가느다란 먹선묘가 섬세하다. 그에 가미된 붉은 색면의 처리가 선명히 돋보인다. 연꽃무늬, 의상의 색띠, 기둥머리 괴면의 눈 등에 찍은 초록색도 인상적이다.

덕흥리벽화고분은 양실분兩室墳의 회벽화무덤이다. 무덤 주인인 '유주자사幽州刺史' '진鎭'의 초상화와 자사를 지냈던 공적, 사적인 생활상이 가득 차 있고, 앞방 천정화에는 해·달·별과 상상의 하늘세계가 풍부하다. 탄력 있는 먹선묘에 적갈색 선묘가 혼용되고 황색과 연두색, 적색과 갈색조가 활달하고 명랑한 편이다. 황색 의상의 인물이 많아 그러하다. 안악3호분이 붉은색 방이라면, 덕흥리벽화고분은 황색 방이다. 벽화에는 장면마다 사람의 이름과 직책을 밝혔고, 행사 장면에 대한 설명도 덧붙였다. 견우와 직녀를 비롯한 천정의 신선과 비천, 상상의 동물에 이름을 하나하나 써넣어 고구려 고분벽화를 해석하는 데 교과서의 역할을 한다.

이 두 고분은 '永和十三年'(357년)과 '永樂十八年'(408년)이라는 무덤의 제작 연대를 밝혀 줄 묘지명문이 있어, 고구려 고분벽화 가운데 가장 중요한 사례이다. 고구려 고분벽화의 초기 양식이면서

동시에 힘을 떨치던 고국원왕에서 광개토대왕 시절의 문화 수준을
잘 보여 준다.

두 고분을 이은 차세대로, 무덤 주인의 초상화와 인물풍속도 벽화
를 그린 고분은 5세기 후반의 수산리벽화고분이다. 단실 구조에 회
벽화이다. 황색조 인물상의 우아하면서 장식적인 먹선묘가 회화성
을 높인다. 벽화의 색채는 노랑색을 중심으로 분홍색, 연두색, 주홍
색, 적갈색조 등이 가미되었다. 벽화의 박락이 심하지만 무덤 안에
들어서서 왼쪽 벽 상단에 표현된 무덤 주인 부부의 행렬과 광대놀
이 벽화는 안정된 묘사 기량을 보여 준다. 장수왕 시절의 예술적 감
각인 셈이다.

나머지 5기의 고분은 모두 단실 구조로 네 벽에 청룡, 백호, 주작,
현무를 배열한 사신도 벽화고분이다. 그 가운데 진파리4호분과 진
파리1호분에는 회벽화이면서 산과 나무, 구름 등의 장식무늬가 사
신四神의 주변에 꽉 채워져 있다. 호남리사신총, 강서대묘와 강서중
묘의 벽화는 잘 다듬은 석면石面에 사신도만을 그린 석벽화이다.

진파리4호분은 사신도의 배치가 불완전하다. 북쪽의 현무도가 보
이지 않는다. 또한 청룡과 백호의 배치도 벽화의 주제라기보다 비
천 혹은 천인상의 부제처럼 작은 크기로 벽면의 하단에 그려져 있
다. 따라서 사신도 가운데 비교적 이른 시기인 6세기 전반 혹은 중
반쯤으로 추정된다. 천정 받침의 황토다짐 위에 그린 무늬 색깔이
독특하고, 벽화의 색채는 어느 벽화고분보다 화사하다. 금색, 분홍
색, 빨강, 노랑, 초록, 갈색 등의 조화는 파스텔톤의 봄날 꽃풍경을
연상시킨다.

사신도를 갖춘 6세기 중반 내지 그 이후로 추정되는 진파리1호분에는 온통 구름무늬에 인동, 연화, 새, 용, 수목, 산악 등 배경 장식 문양이 가득하다. 이들 갈색조의 색감이 주조를 이룬 유운문流雲文 속의 장식무늬들은 현무도 좌우의 푸른 소나무와 함께 바람에 하늘거리며 일렁이는 느낌을 준다. 두 고분의 연화, 인동당초무늬는 공주의 백제 무령왕릉(武寧王陵, 526/529년)의 공예품 장식물들과 유사하여 그 편년 설정에 기준을 삼을 만하다.

고구려 벽화고분 가운데 유일하게 호남리사신총은 네 벽에 사신도만을 배치한 사례이다. 사신도 외에는 아무런 장식무늬도 천정화도 없다. 삼각형받침과 천정의 대리석 붉은 색조는 벽화를 그리지 않아도 될 정도로 자연색의 아름다움을 전한다. 청룡과 백호가 진행 방향과 반대로 고개를 젖힌 고식古式의 형상이어서, 사신도 주제의 벽화고분 가운데 비교적 시기가 앞서는 6세기 중반 혹은 그 이전으로 보기도 한다. 벽화의 색감도 화려하지 않고, 활달한 형상은 조밀한 먹선에 황색과 적갈색조로 표현되어 있다.

강서대묘와 강서중묘는 고구려 후기인 6세기 후반에서 7세기 전반을 대표하는 사신도 고분이다. 포효하며 하늘을 나는 사신도의 웅혼한 기상, 명확하고 치밀한 먹선묘, 붉은 색조의 강렬한 감각 등은 당대 동아시아뿐 아니라 세계 회화사에 비교 대상을 찾기 어려 우리만치 격조 있는 조형미를 보여 준다. 중앙의 황룡도, 좌우의 산악도, 비천, 봉황, 연화, 인동당초문 등 강서대묘의 천정화는 장엄함의 극치를 이룬다. 이에 비하여 강서중묘는 평천정의 구조적 특성상 해와 달, 당초무늬의 장식이 단순한 편이다.

두 고분은 물론이고 통구사신총, 통구오회분 4호와 5호묘 등 고구려 후기 사신도 벽화의 화려하면서 장식적인 색채 감각, 그런 동시에 에너지가 넘치는 형상미는 역시 가장 고구려적이다. 이 가운데 지금까지도 당대의 색감을 잃지 않은 채색 기술은 주목할 만하다. 색채는 그 시대의 문화적 척도이자 사회의 경제력을 반영하는 기준이 되기 때문이다. 다양하게 발달한 색채는 바로 고구려의 활달했던 사회문화의 분위기이며, 색채를 낸 광물성 물감은 화학의 발전과 함께 고구려 과학의 눈높이를 가늠케 한다.

인물
풍속도
고분

안악3호분

安岳3號墳

안악3호분은 1949년 4월 황해도 안악군에서 발견한 3기의 벽화고분 가운데 가장 주목을 받은 벽화무덤이다. 고분이 위치한 현 지명은 황해남도 안악군 오국리(옛 지명은 유설리, 용순면 유순리)이다. 무덤 근처의 '하경재 선생 구대비河敬齋先生邱臺碑' 때문에 하총河塚이라 불리던27 안악3호분은 재령평야의 들녘을 굽어보는 관망 좋은 구릉에 자리 잡고 있다. 안악3호분은 경사지에 반지하로 석실을 구축한 봉토무덤이다. 방대형 봉토의 기저부가 약 30미터×33미터이고, 높이가 약 7미터로 무덤의 외형부터 큰 규모이다. 석조묘실은 남북의 길이가 약 10미터, 동서로 약 8미터이다.

묘실은 남으로부터 차례로 널길과 널길방, 이어서 앞방과 좌우에 동서 곁방, 널방, 그리고 널방의 북쪽과 동쪽에 딸린 'ㄱ'자형 회랑으로 구성되어 있다. 앞방과 널방, 널길방은 정방형, 동서의 곁방은 남북으로 긴 장방형이다. 각 방의 천정은 안으로 좁히기 위해 네 구

하늘에서 본 안악3호분(『조선유적유물도감』)

석 자리에 삼각형 고임을 얹은 구조로 모줄임천장 혹은 귀접이 형식이다. 널길 입구를 제외하고 묘실은 판석으로 축조하였고, 그 사이는 석회로 메웠다. 널길은 잡석과 벽돌을 쌓아 회벽으로 처리했고, 널길의 벽화는 회벽화이다. 앞방과 널방의 사이는 벽면으로 나누지 않고 세 개의 팔각형 돌기둥을 세워 구분하였다. 널방 북벽은 절반을 갈라서 윗부분의 공간을 돌기둥으로 장식하였고, 각 방의 입구 좌우에는 사각 돌기둥에 기둥머리의 두공枓栱장식을 입체적으로 조각해 끼웠다.

　복잡한 다실의 평면 구조는 벽화의 내용이나 형식과 함께 요동 지역의 3~4세기 석실묘와 연계된다. 돌기둥과 기둥머리의 두공양식도 마찬가지이다. 그러나 모줄임천장은 중국 고분에는 거의 없고 고구려 벽화고분에서 흔히 보이는 천정 구조이다. 또 앞방의 좌우 곁방은 태성리1호분, 연화총 등의 구조와 유사하고, 앞방과 널방 사

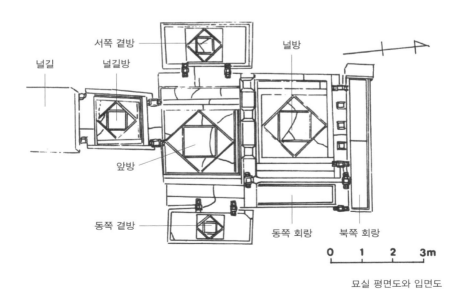

묘실 평면도와 입면도

이에 있는 팔각 돌기둥 역시 쌍영총, 팔청리벽화고분, 태성리1호분에 나타난다.

발굴 당시 석면에 직접 그린 벽화의 보존 상태도 양호했고, 무덤 내부의 묵서명문墨書銘文이 관심을 끌었다. 묵서명은 무덤 주인과 부인의 초상화가 그려져 있는 서쪽 곁방 입구인 앞방 서벽의 왼쪽 벽면 위에서 발견되었다. 고르지 않은 해서체풍으로 쓰인 묵서명문은 7행 68자로 그 내용은 "영화 13년 10월 26일에 사지절, 도 독제군사, 평동장군, 호무이교위이고, 낙랑상, 창려 현도 태방태수요, 도 향후인 유주 요동의 평곽도 경상리 출신인 동수는 자가 '□安'으로 69세에 벼슬하다 죽었다"라고 무덤 주인의 죽은 연월일, 관직, 출생지, 성명, 자, 죽은 나이 등을 차례로 적은 것이다. '永和'는 동진東晉목재(穆帝, 재위 345~357년)의 연호로 13년은 서기 357년에 해당된다. '동수'는 문헌(『資治通鑑』, 『晉書』에는 '佟壽'로 등재됨)에 의하면 요

앞방의 남쪽에서 본 고분의 내부 도면

동인으로 고국원왕 6년(336년)에 전연前燕에서 고구려로 망명해 온 인물이고, 그의 나이 69세로 망명해 온 지 22년 만에 죽은 셈이다.

그런데 무덤 주인인 피장자에 대해서는 논란이 있다. 무덤 내부의 명문에 따라 '동수冬壽'의 무덤으로 고구려에 귀화한 중국인의 것이라는 주장이 하나이다. 또한 고국원왕(재위 331~371년)릉설, 혹은 미천왕(재위 300~331년)릉설로 고구려의 왕릉이라는 설이 제기되었다. 대체로 중국이나 일본 그리고 남한의 학자들은 동수묘설을, 북한학자들은 고구려 왕릉설을 주장하고 있다.[28]

벽화는 다듬었으나 거칠한 질감의 석면에 직접 그렸다. 색채는 먹선과 적색, 적갈색, 녹색, 황색, 백색 등으로 다채롭고, 농담의 변화가 풍부하다. 붉은 적색조가 눈에 띄게 진하고, 녹색의 부분적인 사용이 유난히 튄다. 묘사 방법은 철사처럼 가느다란 구륵선묘와 채색 위주의 몰골법이 혼용되어 있다. 발굴 보고서에 따르면 이러한 채색과 선묘는 산화연PbO의 흰 분말과 염료를 건성 유지에 개어서 그린 것으로, 유연묵이 사용되어 광택이 좋다고 했다. 실제로 벽화의 보전이 잘 된 곳은 먹과 채색의 윤기가 1,650년 전 그림이라고 믿기지 않는다.

안악3호분의 벽화는 서쪽 곁방의 부부 초상을 중심으로 집안의 살림살이, 도열한 무사, 무악, 행렬 등 무덤 주인의 생전 생활과 관련된 내용이다. 앞방과 널방 사이에 있는 돌기둥머리에 귀면과 연꽃무늬를, 천정부의 받침에 당초무늬 형식의 띠가, 천정에 연꽃무늬와 해와 달, 구름무늬 등이 보인다. 필치로 보아 여러 화가들이 벽화 제작에 참여했을 것으로 추정되며, 천정부에 겹쳐진 무늬는 시차를 두고 가필된 것 같다. 특히 수염이나 안면 세부, 그리고 의습선

| 남벽 | 서벽 |

서쪽 곁방 무덤 주인 부부상 도면

衣褶線과 장식무늬에 가느다랗게 섬세한 수묵의 철선묘가 각별하다.

서쪽 곁방의 무덤 주인 부부 초상화가 이 고분벽화의 주제이다. 두 남녀는 각각 연꽃과 수식이 달린 장막 안의 평상에 앉아 있다. 가운데 만개한 연꽃과 좌우 연봉우리는 홍련紅蓮으로, 불교적 장식이어서 주목된다. 4세기 중엽에 불교가 고구려의 귀족 사회에 전파되었음을 시사한다.

세필의 구름무늬가 가득한 가리개 앞의 무덤 주인은 단추장식의 합임식合袵式 도포를 입은 정면 좌상이다. 마고자 형태의 갈색조 도포는 중국 복식으로 풍성하다. 가는 먹선묘에 넓은 붓으로 칠한 붉은색 옷주름은 다소 번잡스럽다. 머리에 검은색 내관과 당시 왕만이 썼다는 흰색의 외관인 백라관白羅冠을 쓰고, 손에 귀면이 장식된 부채를 들고 있다. 검은 털의 붉은색 부채 안에 그려진 귀면은 두 개의 고사리형 뿔이 뻗어 있고 해학적인 인상이다. 정면상의 자세는 무덤 주인의 권위를 신격화하려는 의도로 보인다. 특히 두 팔을 받치고 있는 세 다리의 검은 칠 은궤隱几가 그러하다. 예부터 도교의 도인이나 신선, 제왕이나 절대자가 쓰는 목가구이기 때문이다. 넓고 긴 얼굴, 진한 눈썹에 가는 눈매, 긴 코와 귀, 작은 입술, 좌우로 뻗은 팔자수염, 갸쭉한 턱이 북방형의 고구려인이다. 얼굴은 호분을 바른 위에 가는 먹선묘로 여러 차례 수정했는데, 무덤 주인의 인상을 닮게 그리려 했던 것 같다.

무덤 주인이 앉은 장방의 오른쪽에 세워진 3개의 반원형 붉은색 깃대는 조선시대 왕 행차에 사용된 '정절旌節'이라는 의장기와 흡사하다. 이것은 묘 주인의 옷주름, 장방의 연꽃장식과 함께 늦가을 빨강 고추처럼 눈부실 정도로 선연한 적색조이다. 주인의 왼편에 '소사小史', '기실記室', 오른편에 '성사省事', '문하배門下拜'라는 붉은 글씨의 관직명과 거기에 해당되는 남녀 인물들이 신분에 따라 크기를 달리해 표현되어 있다. 장방 안의 무덤 주인이 이 관리들과 정사를 보는 장면처럼 엄정한 구성이다. 왼편의 꼬리가 솟은 검은색 관을 쓰고 홀笏을 들고 서 있는 관리 기실記室은 한 손에 붓을 들고 있고, 오른쪽의 무릎을 꿇은 관리는 손에 문서를 들고 보고하는 자세이다.

남벽의 부인상은 왼편에서 본 정측면을 자연스럽게 포착하였다. 묘 주인공을 향한 자세이다. 고구려 벽화에서는 예외적으로 풍만하다. 머리를 높게 틀어 올린 고계高髻에 좌우로 가채머리를 늘어뜨리고 나뭇잎 모양의 수식들이 딸려 있다. 부인상은 신격화된 주인상에 비하여 세심한 선묘와 화사한 색감의 인물화로서 성공적이다. 두 손을 소매 안에 넣고 무릎을 꿇은 자세의 부인상은 약간 과장된 듯한 머리장식에 어울리게 복장 또한 호사스럽다. 자주색 긴 저고리는 노랑색 동정에 초록색 띠를 두르고, 아래로 노랑색 치마가 비친다. 옷주름의 표현과 흘러내린 여러 가닥의 띠는 섬세한 장식무늬로 복잡한 느낌을 주면서도, 귀부인 복식을 충실히 살리려는 사실적인 묘사가 두드러진다. 부인의 오른쪽에는 한 시녀가 두 손에 뚜껑이 덮인 잔을 받쳐 들고 서 있다. 왼쪽의 시녀는 손에 깃발 모양의 부채를 들고 있다. 부인상보다 간소한 머리 매무새와 옷차림에 신분의 차이가 드러난다.

이 두 초상화는 당시 지배층의 호화로운 생활상을 담고 있다. 주된 인물을 크게, 부수적인 여타 인물을 작게 그리는 위계적인 묘사로 화면은 삼각형 구도를 이룬다. 이러한 표현 방법은 고대 회화가 갖는 일반적인 특징이라 하겠다. 부인상의 섬세한 선묘를 구사한 필법과 무덤 주인상의 얼굴 묘사에 수정한 흔적은 대상을 근사하게 그리려는 노력, 곧 전신傳神의 초상화법으로 읽혀진다.

서쪽 곁방의 입구쪽 안과 밖 좌우에는 '장하독帳下督'이라고 표기된 인물 입상이 각각 배치되어 있다. 곁방 안의 동벽 오른쪽의 그림은 지워져 있다. 허리에 두 손을 모으고 서 있는 세 명의 장하독은 무덤 주인상 좌우의 기실이나 문하배와 달리 중국의 도포형 관복이 아니고, 고구려식 바지저고리 차림이다. 관모는 뒤로 뾰족하게 들린 형태로 단순화된 책幘형이다. 장하독은 벽면의 위치와 자세로 보아 무덤 주인을 지키는 호위무관으로 보인다. 장하독 가운데 서쪽 곁방 입구의 왼쪽 인물 바로 위에 동수에 관한 묘지명이 있다. 이 무관을 '동수'로 보고, 실제 안악3호분의 무덤 주인은 그 인물이 모신 초상화의 모습대로 고구려왕으로 추정한 것이다.

안악3호분의 벽화 가운데 무덤 주인의 강력한 권위를 나타낸 그림은 회랑을 꽉 채운 대행렬도이다. 현재 북벽은 박락이 심하지만 동벽만으로도 장관이다. 동벽의 행렬은 소가 끄는 수레를 탄 무덤 주인과 호위하는 인물이 현재 250여 명이고 기마병이 57명에 달한 다. 왼쪽을 향한 대행렬에서 무덤 주인의 소수레는 위아래에 각각 일렬종대로 잘 정돈된 기병과 보병부대의 호위를 받는다. 수레 앞 뒤와 주변에는 기마 혹은 보행의 인물들이 네다섯 명씩 횡렬을 이 루고 사선식으로 약간 중첩해 있다. 소수레를 탄 무덤 주인은 서쪽 곁방의 정면좌상의 초상화와 같이 귀면의 부채를 들고 합임식 도포 에 백라관을 쓴 모습이다. 수레는 접었다 폈다 할 수 있고 일광차단 용 덮개가 붙은 평개차平蓋車이며, 두 명의 시종이 소를 이끈다. 수 레 앞의 깃발에는 왕을 상징하는 '성상번聖上幡'이 보인다.

상하 종대의 질서 정연한 행렬은 간소한 관복 차림의 기마인물 4 명, 갑옷으로 완전 무장하고 창과 방패를 든 보병 7명, 긴 창을 든 개마무사鎧馬武士 4명 순으로 배열되어 있다. 소수레의 전위는 4명

회랑, 널방, 앞방의 동면을 펼친 벽화 도면

의 기마인물과 보행 병사이다. 그 뒤로 대형 깃발을 든 보행 기수, 무덤 주인용의 커다란 황갈색 말과 마부, 편종과 북을 치는 보행 악대와 무용수, 시녀, 기수들이 무덤 주인의 수레 앞에서 행렬을 선도하며 무덤 주인에게 무악을 시연한다. 악대 앞으로 묘 주인용 큰 백마 상하에는 검과 활 같은 무구를 들고 대련하는 두 무용수가 보인다. 후한後漢대 화상석畵像石에도 등장한 도상으로, 조선 후기 쌍검무의 연원일 법하다.29

　수레와 근접한 상하의 부대는 2열 종대로 방패와 환두대도環頭大刀, 도끼, 활 등을 든 보병들이다. 자못 삼엄한 무장 시위이다. 행렬의 후위에는 악대도 있고, 여러 종류의 깃발과 상징물, 양산 등을 소지한 기마인물들이 4, 5열의 횡대로 따른다. 이 행렬 장면은 먹선묘과 채색이 활달하고 선명하다. 복장의 흰색, 방패의 붉은색, 말의 변

회랑 대행렬도 모사화 부분, 악대와 검무

화 있는 황색, 갈색, 흰색 처리는 강한 인상을 풍긴다. 인물이나 말의 동세 묘사는 어색하면서도 자신에 찬 탄력 넘치는 필치이다. 행렬 중의 인물에는 턱이 둥글고 얼굴이 넓어 중국인을 닮은 이도 있고, 일부의 복장 또한 고구려식과 거리가 있기도 하다.

대행렬도에는 서사적 회화의 힘이 넘친다. 상하 종대는 원상근하로 질서 정연하게, 그 종대의 내부는 약간 사선으로 배열하면서 인물들을 중첩하여 복잡하고 방대한 행렬을 적절히 소화해 내었다. 시점이 일치되지 않은 어색한 표현이 보이지만, 당대의 화가에게는 규모가 큰 행사 장면을 생생하게 설명하기 위한 최선의 형식이랄 수 있겠다. 이는 장엄한 행렬을 생동감 넘치고 실재감 있게 조감하려는 의도에서 나온 결과이며, 고대 회화의 흔한 공간구성법이기도 하다. 이러한 행렬도는 이후에 축소되어 5세기의 약수리벽화고분, 덕흥리벽화고분 등으로 이어진다.

널방 북벽과 붙은 회랑의 남벽에는 누각도가 희미하게나마 남아 있다. 좌우에 치미가 솟은 우진각지붕의 누각과 오른쪽에 딸린 건물이 보인다. 각각 4단과 3단으로 건물의 뼈대만 추린 벽면이 입면 도식이다.

서쪽 곁방의 초상화와 회랑의 행렬도가 무덤 주인의 공적인 일이라면, 동쪽 곁방의 벽화는 집안의 생활 풍습을 묘사한 것이다. 동쪽 곁방의 서벽 북쪽에는 '대碓'라는 붉은 글씨와 방앗간이, 그 옆에는 마구간과 마장이, 남벽에는 외양간이 있다. 동벽에는 차고, '경옥京屋'이라는 붉은 글씨가 쓰인 푸줏간, '아비阿婢'라는 여인의 부엌이 나란하다. 북벽에는 '정井'과 '아광阿光'의 붉은 글씨와 우물이 있다.

부엌은 우진각지붕의 정면 두 칸 측면 한 칸짜리 기와집이다. 약간 사선으로 건물의 정측면을 포착하고, 뒤로 갈수록 넓어지는 역원근법으로 조감한 구도이다. 그 안에는 흰옷을 입고 일하는 세 여인이 보인다. 한 여인은 아궁이 앞에 쭈그리고 앉아서 불을 지핀다. 또 한 여인은 떡시루에 주걱으로 물을 축이고, 긴 젓가락을 들고 떡이 익었는지 찔러 보는 자세이다. 그 오른쪽 여인은 허리를 굽혀 접시를 정돈하고 있다. 부엌 밖에 검둥개 두 마리가 어슬렁거리고, 지붕마루 끝에는 까치 한 마리가 한가롭다. 부엌 여인들의 복식은 서쪽 곁방 부인 초상의 좌우 여인들과 같다. 정면과 측면을 드러낸 섬세한 필치의 부엌은 당시의 건축양식과 짧은 환기통의 아궁이 구조를 자세히 살필 수 있게 해 준다. 이 그림과 유사한 철제 부뚜막이

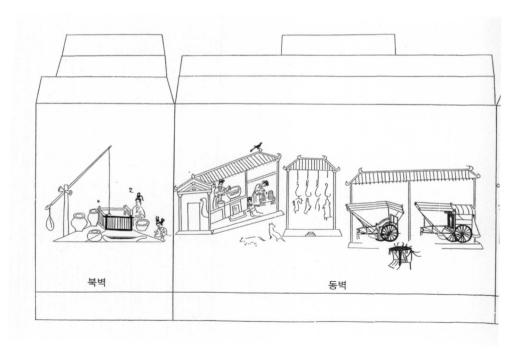

북벽　　　　　　　　　　　　　　　　동벽

실제로 고구려 고분에서 발견된 사례도 있다.

　부엌의 오른쪽에는 푸줏간과 차고가 나란하다. 푸줏간은 규모가 작은 정면 한 칸의 우진각지붕 건물이다. 그 안에는 노루와 돼지와 조류가 S자형 갈고리에 걸려 있고, 지붕 위에는 올빼미처럼 생긴 새가 흐릿하게 보인다. 차고는 두 칸의 우진각지붕 건물로 그 안에는 두 대의 수레가 놓여 있다. 두 수레 중 왼쪽의 것은 대행렬도의 무덤 주인이 탔던 것과 동일한 모양이다. 칸막이의 평개차는 부인용으로 생각되며, 수레 옆에는 붉은 글씨 '독거犢車'가 희미하다. 이 차고 앞에는 붉은색이 선명한 차양의 수레가 한 대 더 있다. 푸줏간과 차고에는 인물이 보이지 않으며, 다른 벽화들처럼 가는 철선묘가 도식적이다.

남벽　　　서벽 남면　　　서벽 북면

동쪽 곁방을 펼친 벽화 도면

북벽의 우물은 정井자형으로 목책을 대서 지상에 세운 것이다. 우물에는 모래주머니가 달린 지렛대를 이용해서 물을 퍼 올리는 기계장치도 설치되어 있다. 우물가에는 큰 항아리와 떡시루, 나무구시가 놓여 있다. 우물가의 두 여인은 역시 부엌에서 일하던 사람들과 동일인이다.

입구 서벽의 북면 그림은 방앗간이다. 우진각지붕의 단출한 건물 안에는 디딜방아가 놓이고, 두 여인이 방아를 찧는다. 한 여인은 방아 끝에 발을 얹어 구르고, 푸른 저고리의 오른쪽 여인은 소매를 걷어 올리고 앉아서 곡물을 방아 구멍에 부어 넣는 자세이다.

서벽 남쪽 세 칸의 간이 목조물 마구간에는 적갈색, 황갈색, 흰색의 말이 먹이를 먹는다. 비교적 사생하듯이 그렸는데도 말의 표정이 해학적이다. 그 아래에는 목책의 마장 안에 말과 마동의 모습이 선명하지 않다. 검은 소가 있는 남벽의 외양간은 마구간과 흡사한 구조이다.

동쪽 곁방의 가내생활도들은 집 안에 있어야 할 주요 시설물을 충실히 스케치한 것이다. 각각의 생활도들은 실제로 일하는 모습을 담아서 현장감이 넘친다. 우리 주변에 근래까지 남아 있던 전통생활이 당시와 큰 차이가 없음을 보여 준다. 이러한 벽화가 그려져야 했던 연유를 단언할 수는 없지만, 사후 세계와 생전의 생활을 연결해서 동일시하려는 사상의 반영일 듯싶다. 현존하는 풍습과 연관지어 생각해 볼 때, 신앙적인 대상으로 표현된 것이 아닌가 여겨진다. 부엌, 우물, 곳간 등 집 안의 주요 시설물을 가신家神으로 신성하게 여기는 세시풍속과도 상통하기 때문이다. 이러한 가내생활도 벽화는 5세기 인물풍속도의 주요 소재로 자리 잡힌다. 그 내용은 축소되거나 다른 생활풍속도와 연결되기도 하는데, 태성리1호분, 덕흥리 벽화고분, 약수리벽화고분, 무용총, 각저총 등에 나타난다.

앞방에는 도끼를 든 병사인 부월수斧鉞手와 기수, 태권하는 모습의 수박도 등 무덤 주인의 호위와 관계되는 인물들이 그려져 있다. 남벽의 왼쪽 부분과 동쪽 곁방 입구인 동벽 남쪽 부분의 벽화는 벽면을 상단과 하단으로 분할선을 긋고 벽화를 배치한 구성을 보인다. 남벽과 동벽을 이어 하단에는 7명과 4명의 부월수가 각각 좌우를 향해 횡대로 정연하다. 복장은 장하독과 같다. 그리고 남벽의 왼쪽에는 양산과 깃발을 든 7명의 의장기수들이 있고 오른쪽에는 악사들이 널길 입구 쪽을 향해 있다.

'전리戰吏'라고 쓰인 의장기수들 가운데 앞선, 물결무늬의 장방형 깃발을 든 4명은 서쪽 곁방 무덤 주인상 주변의 기실이나 문하배와 같이 도포를 입은 복장이다. 그에 반해 양산을 들거나 반원형과 기다란 형태의 깃발을 든 인물은 장하독이나 부월수와 같이 상하 복색이 다른 바지저고리 차림이다. 검은 바지에 흰 저고리 혹은 흰 바지에 검은 저고리를 입은 채이다. 저고리에는 소매 끝동과 깃의 동정 그리고 하단에 초록색 띠가 선명하다. 그 가운데 흰 저고리에 검은 바지 차림을 한 기수의 허리띠가 눈길을 끈다. 가는 먹선묘로 하트 모양의 장식들을 주렁주렁 연결한 모습인데, 신라나 가야 지역의 금이나 금동제 허리띠를 연상시킨다. 남벽 오른쪽의 벽면은 벽화가 희미하지만 상단에 바지저고리를 입고 대각大角을 부는 두 나팔수가, 하단에 무릎을 꿇고 북과 악기를 연주하는 도포 차림의 네 악사가 보인다.

앞방 공간에 흥미를 끄는 벽화는 동벽 남쪽 부분 7명의 부월수와 위쪽에 그려진 태권하는 모양의 수박도手搏圖이다. 상투머리에 사타구니만 싸맨 나신의 두 역사力士가 손가락을 바짝 펴고 각각 공격과 방어의 자세로 대치해 있다. 이 수박도는 치졸한 인체 묘사이면서도 움직이는 자세와 근육이 과장되어 해학적인 풍속화로 손색이 없다. 두 역사 얼굴의 외곽선을 따라 자란 덥수룩한 잔선의 구레나룻이 더욱 익살스럽다.

널방의 벽화는 거의 남아 있지 않다. 동벽에만 무악 장면이 희미한 정도이다. 4명 중 3명은 거문고, 비파, 긴 피리 모양의 악기를 연주하는 악사이고, 그 오른쪽은 춤추는 사람이다. 앉은 자세의 세 악사는 그 머리 모양으로 보아 여인인 듯하다. 고개를 약간 숙인 무용수는 이국인(서역인) 같다. 긴 코의 얼굴이나 땡땡이무늬가 있는 터번을 쓴 모습이 그러한데, 탈춤으로 해석되기도 한다. 두 손을 모으고 무릎을 굽힌 채 가벼운 춤동작을 보여 준다.

천정부는 해와 달, 구름무늬 등 천상계의 표현과 연꽃무늬로 장식되었다. 이들은 무덤 주인의 영생을 기리고 명복을 비는 의미로 당시의 천신天神 사상을 반영한 것이다. 해와 달은 앞방 천정 가운데에 나란히 배치되어 있다. 도상이 희미하여 알아보기 힘들지만, 원래 일상日象에는 삼족오三足烏가, 월상月象에는 두꺼비가 각각 등장한다. 이러한 표현은 중국 고대의 해와 달에 관한 설화에서 나온 양식으로 중국 한漢과 당唐대의 고분미술에 자주 나타난다. 특히 일상과 월상은 초·중기 고구려 벽화고분의 천정 동서쪽에 배치되는 소재이다. 그런데 이 무덤에서와 같이 천정 중앙에 나란히 표현되는 예는 강서중묘, 진파리1호분 등으로 후기 벽화고분에 나타난다.

각 방의 천정 2, 3층의 고임 장식은 구름무늬이다. 앞방의 상단 받침에 있는 것을 보면 X자로 교차되면서 그 지점에 바퀴무늬와 호랑이 얼굴과 같은 귀면을 등장시킨 것이다. 다른 받침은 끝부분이 새의 머리 모습으로 형상화되고, 서로 S자형 고리 형태의 이방연속무늬이다. 구름무늬에 새의 모양이나 귀면이 나타나는 예는 당시 사람들의 상상에 의한 것으로, 한漢대 화상석에 연원이 있는 양식이기도 하다.

앞방과 널방 사이의 네 돌기둥은 약간 배흘림 끼가 있는 8각형이다. 기둥머리에 각각 다른 표정으로 입을 벌리고 수염이 뻗은 귀면이 장식되어 있는데, 초록색 눈의 귀면이 인상적이다. 그 측면에는 위를 향한 연화무늬가 초록색 점과 함께 채워져 있다. 이들은 무덤을 지키는 수호신상으로 고구려 기와지붕의 귀면와와 유사한 치장물이다.

널길에서 안쪽으로 석문을 세운 공간에는 삼각형받침의 천정 구조를 갖춘 작은 방이 시설되어 있고 벽화가 보인다. 석문에는 문고리처럼 노랑색과 갈색의 둥근 색띠가 그려지고, 좌우의 벽에는 붉은 방패와 창들만이 남아 있다. 횡대로 도열한 병사들을 담았을 터인데, 방패와 창을 제외한 인물들이 모두 지워져 있다. 안악3호분의 유일한 회벽화인데, 보존 상태가 좋지 않아서 아쉽다.

이 무덤에서 가장 주목되는 장식무늬는 천정의 끝이 뾰족한 연꽃무늬, 부부 초상이 있는 장막 위의 연봉, 돌기둥의 두공에 묘사된 측면의 연꽃무늬이다. 전 시기에 걸쳐 거의 빠짐없이 등장하는 벽화의 소재이기 때문이다. 이들 붉은색 연꽃무늬를 볼 때 무덤 주인이 불교와 관계가 깊었음을 알 수 있다. 기록상 고구려에 불교가 들어온 것은 소수림왕 2년(372년)으로 알려져 있다. 그러나 이 무덤의 명문을 인정할 때, 불교가 기록상 불교의 수용 연대보다 15년 앞서는 357년경에 이미 한반도에 들어와 지배층의 생활에 정착하였다는 게 된다.

  안악3호분은 무덤의 구조나 벽화에서 태성리1호분, 연화총, 감신총 등 4~5세기의 고구려 벽화고분과 통하는 점이 적지 않다. 안악3호분의 벽화는 4세기 중엽 고국원왕 시절 고구려 지배층의 권위와 생활상을 표현한 고구려 벽화고분의 형식적 정착을 보여 주는 대표적인 사례이다. 헌데 석벽화의 전통이 안악3호분 이후 5세기에는 보이지 않다가 6세기 전반이나 중엽경의 호남리사신총, 6세기 후반에서 7세기 전반의 강서대묘와 강서중묘, 통구오회분 4호와 5호, 통구사신총 등 후기에 유행한 점이 고개를 갸웃하게 한다.

안악3호분 외형 모습

하경재 선생 구대비, 경재 하연의 공적을 기려
남병철이 짓고 썼으며 1845년 10월 세움

외곽에 노출된 양각 능형무늬전

묘실 입구, 전돌을 쌓은 모습과 돌기둥

입구 돌문

널길 천정

널길 서벽, 방패와 창을 들고 도열한 병사들

앞방과 널방 사이 기둥머리 귀면

앞방에서 본 돌기둥

앞방과 널방 사이 기둥머리 귀면

　앞방과 널방 사이 기둥머리 귀면

앞방 동쪽 기둥머리

앞방과 널방 사이 기둥머리 측면 연화문

앞방 기둥머리

앞방 기둥머리 귀면의 눈 부분

널방 북벽 기둥머리 귀면

널방 북벽 돌기둥

앞방 동벽 수박희와 부월수

앞방 동벽 수박희

앞방 동벽 수박희

앞방 동벽 부월수

앞방 동벽 부월수 뒤 병사

동쪽 곁방 동벽 부엌 푸줏간 차고

동쪽 곁방 동벽 부엌

동쪽 곁방 동벽 부엌 떡시루

동쪽 곁방 동벽 부엌 탁자와 그릇들

동쪽 곁방 동벽 부엌 아궁이

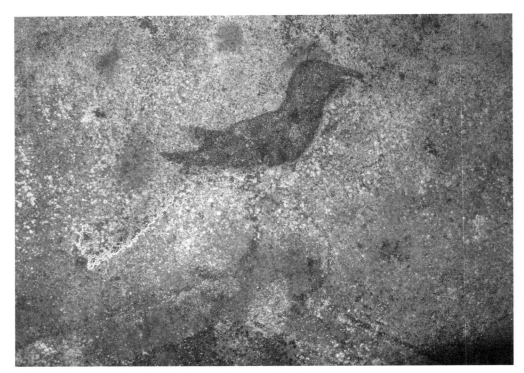

동쪽 곁방 동벽 부엌 지붕의 까치

동쪽 곁방 동벽 부엌 앞 검둥개들

동쪽 곁방 동벽 푸줏간

동쪽 곁방 동벽 차고

동쪽 곁방 동벽 차고 가마형 수레

동쪽 곁방 동벽 차고 아래 붉은 일산

동쪽 곁방 동벽 차고 지붕의 까치

동쪽 곁방 북벽 우물

동쪽 곁방 북벽 우물 도르레 부분

동쪽 곁방 북벽 우물가 여인 아광

동쪽 곁방 서벽 방앗간

동쪽 곁방 서벽 방앗간 확과 여인

동쪽 곁방 서벽 방앗간 공이 부분

동쪽 곁방 서벽 마구간

동쪽 곁방 남벽 외양간

동쪽 곁방 남벽 외양간 검정소와 흰소

앞방 남벽 악단

앞방 남벽 악단의 상단 뿔나팔 부는 악사

앞방 남벽 상단 의장대

앞방 남벽 동쪽 의장대 뒤 기수들

앞방 남벽 동쪽 의장대 앞 기수

앞방 남벽 중단 의장대 왼편 도끼든 부월수

앞방 서벽

앞방 서벽 왼쪽 인물 위 묵서

앞방 서벽 왼쪽 인물과 묵서

앞방 서벽 오른쪽 인물

89   안악3호분   앞방 서벽 오른쪽 인물 장하독

서쪽 곁방 서벽 무덤 주인상과 인물들

서쪽 곁방 서벽 무덤 주인상 눈 부분

서쪽 곁방 서벽 무덤 주인상

서쪽 곁방 서벽 무덤 주인상 눈 부분

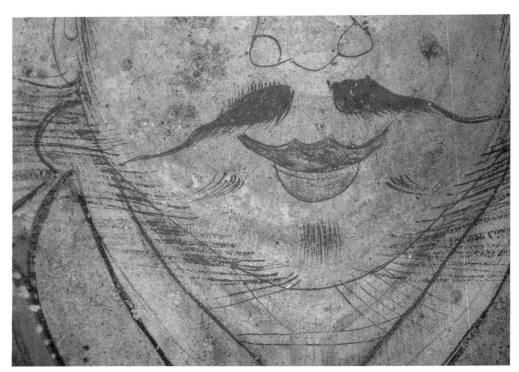

서쪽 곁방 서벽 무덤 주인상 얼굴 부분

서쪽 곁방 서벽 무덤 주인상 귀면 부채 부분

서쪽 곁방 서벽 무덤 주인상 병풍 무늬

서쪽 곁방 서벽 무덤 주인상 정절 장식과 인물

서쪽 곁방 서벽 오른쪽 두 인물

　　　　　　　　서쪽 곁방 서벽 오른쪽 인물 성사가 든 보고서 죽간형 책

서쪽 곁방 서벽 왼쪽 인물

서쪽 곁방 서벽 장방의 상단 연꽃

서쪽 곁방 서벽 장방의 왼쪽 연꽃과 장식

서쪽 곁방 서벽 장방의 상단 연꽃과 천정 받침 넝쿨무늬　　　　　　　　　98

서쪽 곁방 무덤 주인의 부인과 여인들

서쪽 곁방 남벽 무덤 주인의 부인상 얼굴 부분

서쪽 곁방 남벽 오른쪽 여인

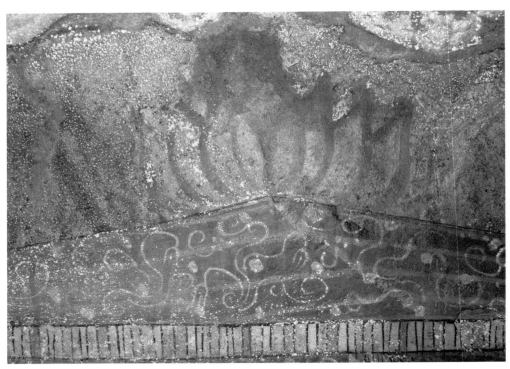

서쪽 곁방 남벽 장방의 정상 연꽃

서쪽 곁방 남벽 장방의 왼쪽 연꽃

서쪽 곁방 동벽 인물

널방 동벽 춤추고 연주하는 장면

널방 동벽 무용수

서쪽 곁방 천정

널방 천정 연화문

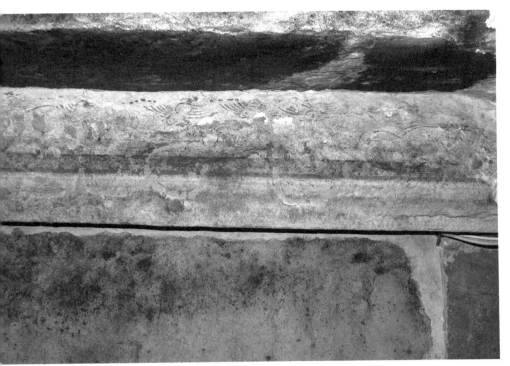

널방 천정 받침 무늬

널방 천정 받침 무늬

앞방과 널방 사이 회랑 입구

회랑 동벽의 대행렬도, 수레를 탄 무덤 주인

회랑 동벽의 대행렬도, 무덤 주인이 탄 소수레 앞 성상번 깃발

회랑 동벽의 대행렬도, 무덤 주인이 탄 소수레 아래 기마병들

회랑 동벽의 대행렬도, 무덤 주인이 탄 소수레 위 기마병들

회랑 동벽의 대행렬도, 갑옷 차림 창을 든 보병

회랑 동벽의 대행렬도, 깃발을 든 기마병

회랑 동벽의 대행렬도, 갑옷 차림의 보병과 기마병

회랑 동벽의 대행렬도, 도끼를 멘 보병

회랑 동벽의 대행렬도, 붉은 방패 병사들

회랑 동벽의 대행렬도, 기마병의 남은 상태

회랑 동벽의 대행렬도, 앞부분 남은 상태

회랑 북벽의 대행렬도, 앞에서 이끄는 기마악대

북쪽 회랑

북쪽 회랑 벽면 중층 누각 부경

덕흥리벽화고분

德興里壁畵古墳

덕흥리벽화고분은 1976년 8월에 발견되어 주목을 끌었다. 평안남도 남포시 강서구역 덕흥리 대동강변의 너른 들판을 조망하는 무학산의 서남쪽 줄기에 조성된 무덤이다. 이곳은 과거 강서군에 속해 있던 지역으로 가까이에는 서쪽으로 강서 세 고분이 있고, 남쪽으로 해방 후 발견된 약수리벽화고분, 수산리벽화고분 등 주요 고구려 고분군이 산재해 있다.

덕흥리벽화고분은 발굴 이전에 벌써 도굴되어 부장 유물은 거의 없으며, 봉분은 마멸이 심하여 내부 석실까지 일부 손괴되었다고 한다. 반지하에 축조된 석실은 남향으로 널길, 앞방, 통로, 널방을 갖춘 양실분 형식이다. 널방은 한 변이 약 3.3미터 되는 정방형으로 높이는 약 2.8미터이다. 앞방은 동서 약 3미터, 남북 약 2미터 크기로 널방보다 작은 장방형이며 높이는 약 2.9미터이다. 석실 길이는 남북으로 약 8미터에 달한다. 앞방의 천정은 네 벽에서 안으로 모여들어 그 위에 2단의 평행받침을 얹고 끝부분은 정방형 개석을 덮은 짜임

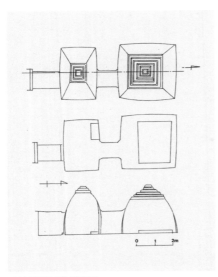

새이다. 널방의 천정은 파손되었으나, 널방 내부에 잔존하는 석재편으로 미루어 4, 5단의 받침돌을 얹은 앞방 천정과 같은 구조로 추정된다. 묘실 구조에서 앞방이 널방보다 작은 장방형인 점, 앞방의 천정이 궁륭식으로 내곡된 점 등은 5세기 초 광개토대왕 때의 묵서가 적혀 있는

묘실 평면도와 입면도

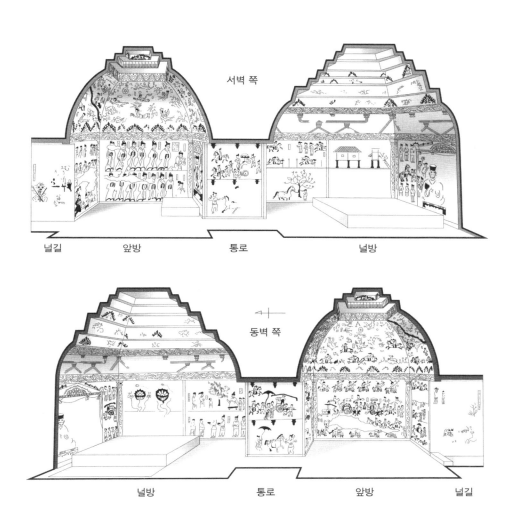

서벽 쪽

널길　　　　앞방　　　　통로　　　　　널방

동벽 쪽

널방　　　　통로　　　　앞방　　　　널길

묘실 구조와 벽화 도면

통구의 모두루총牟頭婁塚, 무용총과 각저총 등의 구조와 기본적으로 유사한 형식이다.

덕흥리벽화고분에서는 영락永樂 18년(408년)에 죽은 '유주자사幽州刺史' '진鎭'의 무덤이라는 것과 출생지와 관직명 등을 밝힌 묵서명문이 발견되었다. 앞방 북벽 천정의 묵서묘지명墨書墓誌銘은 14행 154자로 날카로운 해서체이다. 무덤 주인의 출신지는 신도현이고, 그가 지낸 벼슬은 건위장군, 국소대형, 좌장군, 용양장군, 요동태수, 사지절, 동이교위, 유주자사 등이다. 이들 관직으로 보아 진은 무관 출신으로 활약하여 대형의 작위를 받고 유주자사까지 오른 광개토대왕 때의 고위 관료이다. 진의 최종 벼슬이 유주자사인 점은 벽화고분을 쓰는 계층이 지금의 도지사격인 지방장관까지 확대되었음을 알게 해 준다.

묘지명은 진이 영락 18년(408년) 77세로 세상을 떠난 사실과 제문祭文으로 마감된다. 이 후반부는 당시 상류층의 사상을 잘 반영한다. 무덤 주인 진이 불교도이면서도 '주공이 무덤의 터를 잡고, 공자가 택일하고, 무왕이 때를 정했다'는 등 유교와 도교적인 내용이 섞여 있는 점이 그렇다. 지배 이념으로 정착된 불교, 유교, 도교의 통합 성향을 잘 대변해 준다. 여기에는 부와 명예가 대대손손 영속하기를 바라는 귀족 지배층의 염원이 담겨 있으며, 세습화된 신분 사회의 성격을 반영한 내용이다.

묘지명이 밝혀진 예는 고구려 벽화고분 가운데 흔치 않다. 안악3호분에 '동수冬壽'에 관한 묵서명이 남아 있으나 그것이 무덤 주인의 묘지명인지에 대하여는 의혹도 없지 않다. 그러나 덕흥리벽화고분의 묘지명은 안악3호분과는 달리 '영락'이라는 고구려 연호를 사용하였고, 무덤 주인이 고구려에서 대형의 작위를 받은 관료임이 확실하다. 묵서명문 외에도 인물상과 각 벽화마다에는 그 이름과 장면에 대한 설명이 적혀 있다. 이처럼 풍부한 내용의 벽화는 5세기 고구려의 문화와 사회상을 구체적으로 밝히는 데 귀중한 자료로 주목된다.[30]

덕흥리벽화고분의 조성은 안악3호분(357년)보다 반세기 뒤이다. 광개토대왕 시절 강력한 국가체제가 완비되고 고구려의 힘과 자긍심이 더욱 확산된 시대에 제작된 무덤이다. 따라서 안악3호분과 같은 중국풍의 양식이 일부에 남아 있으나, 고구려적인 면모가 뚜렷하다. 앞방과 널방만을 축조한 양실 구조와 벽화에 나타난 특징을 볼 때, 덕흥리벽화고분에 이르러 고구려식 인물풍속도의 전형이 이룩된 셈이다. 물론 5세기 중후반 무용총이나 각저총의 벽화에 비하면 묘사기량이 고졸한 편이지만, 나름대로 활달한 필치에 자신감이 넘친다.

앞방에는 북벽 서쪽의 무덤 주인상을 중심으로 유주에 속하는 13군 태수의 도열이나 행렬도 등 무덤 주인의 공적인 생활 장면으로 채워진다. 널방 북벽에는 무덤 주인 부부의 실내생활도가 그려진 듯한데, 유주자사의 초상화만 그려지고 그 오른편 부인의 자리는 비어 있다. 또 널방 벽화는 마사희馬射戱, 불교에서 행하는 칠보 행사 등 무덤 주인의 생전에 기념할 만한 사적인 생활 장면들이다. 앞방의 경우 각 벽면의 벽화 내용이 서로 연결되는 데 비하여 널방의 벽화는 한 벽면을 두 단 혹은 네 면으로 구획하여 각 면마다 다른 내용을 담고 있다.

앞방과 널방의 각 벽면에는 기둥, 기둥머리의 장식, 들보 등 목조건물의 골격과 그 위로 삼각형의 불꽃무늬가 계속 이어진다. 천정화는 북벽의 피장자에 관한 묵서명문과 수렵도, 해와 달, 북두칠성을 비롯한 별자리 그림, 그리고 설화적인 내용과 상상의 동물 등 공상적인 천상의 세계가 풍부하다. 널길에는 무덤을 지키는 수문장이, 앞방과 널방의 통로에는 무덤 주인 부부의 수레와 시종들의 이동 장면이 보인다.

이들 회벽면에 그린 벽화는 부분적으로 박락과 누수에 의한 오염이 있으나 전반적으로 양호한 편이다. 벽화는 암갈색조에 황색, 적색, 녹색, 연두색, 백색 등이 가미되어 있다. 복식 때문에 황색이 주조를 이루며 황색과 연두색, 분홍색과 녹색의 조화와 함께 적갈색의 사용이 분방하다. 형상 묘사에는 먹선과 붉은 주선朱線이 겹쳐져 그러한데, 굵고 가늘기의 변화가 유연하면서 대담한 맛이 두드러진다. 회벽 위로 붓이 움직이는 빠른 속도감을 느끼게 해 줄 정도이다.

묵서명문이 쓰인 아래 앞방 북벽의 널방로 들어가는 통로 입구 왼쪽에는 밝은 황갈색조의 차분한 분위기로 이 무덤의 피장자인 진의

앞방 북벽 벽화 도면

초상화가 그려져 있다. 흑색 내관에 청라관青羅冠을 쓰고 갈색의 합임식 도포 차림으로 오른손에 귀면 장식의 부채를 든 진의 초상화는 평상 위에 편하게 앉은 정면상이다. 기록에 의하면 청라관은 고구려의 대신들이 썼던 두식이다(『唐書』). 이 진의 초상은

안악3호분의 서쪽 곁방에 그려진 무덤 주인상과 흡사하며 신격화한 정면 좌상이다. 또 허리춤으로 양팔을 괴는 검은 칠의 목제 은궤가 놓인 점도 같다. 그런데 초상의 주변에 배치된 인물이나 장방 등은 조금 달라졌다. 장방이 좀 더 넓어지고, 중앙의 연꽃 대신에 불꽃 무늬와 함께 반원의 법륜 형상이 장식되어 있다. 그리고 안악3호분보다 무덤 주인과 좌우의 부수적인 인물상 크기가 더욱 현격한 차이를 보인다. 이는 신분적인 위계가 더욱 강조된 것으로, 당시 지배 세력의 힘이 강해지고 확고해졌음을 알려준다. 그리고 초상화의 앞에는 제의용 석상石床이 놓여 있다.

무덤 주인상의 좌우, 당초무늬로 장식된 가리개 뒤와 아래에는 악사와 시종과 관리들이 보인다. 뒷부분의 5명은 부채를 든 남녀 시종과 악사들이고, 아래의 좌우 4명은 관리의 복장을 한 인물로 한 사람은 붓을 들고 무언가 받아쓰는 자세이다. 무덤 주인이 앉은 평상에는 파상조각이 장식되어 있는데, 이러한 형태는 감신총, 쌍영총, 해방 후 발굴된 태성리1호분 등에 있는 무덤 주인상의 것과 유사하다.

앞방 서벽에는 똑같은 복장과 자세의 13군 태수들이 유주자사를 향하여 상하로 도열해 있다. 마치 관아의 의례인 듯하다. 상단에는 연군燕郡, 범양範陽, 어양魚陽, 상곡上谷, 광녕廣

앞방 서벽 벽화 도면

寧의 태수들과 대군내사代郡內史가, 하단에는 북평北平, 요서遼西, 창려
昌黎, 요동遼東, 현도玄菟, 낙랑樂浪, 대방帶方의 7군 태수가 나란하다.
이들 앞에는 유주부의 관리와 시동이 상단과 하단에 각각 무릎을 꿇
고 있다. 태수들은 안악3호분의 관리들과 흡사한, 뒤로 꼬리가 뻗은
책형의 관모를 쓰고 황색 도포형의 관복을 입었다. 두 손을 소매 안
에 넣어 가슴에 모으고 허리를 약간 굽혀 읍소한 자세로 북벽의 자
사를 향해 우향하여 있다. 여기에는 13명의 태수들이 유주관아에 내
조來朝하여 자사를 배알하고 자사 부임의 축하 인사와 사업 보고를
한다는 등의 명문이 딸려 있다. 또 유주에 속하는 군과 현의 행정구
역이 밝혀져 있고, 유주의 도위는 1명이며 13군을 관할한다는 명문
이 적혀 있다. 이들은 무덤 주인의 초상에 비하여 황색 의상을 넓은
붓질로 팍팍 질러대어 대담하게 그려져 있다. 인물 표정은 개성적이
면서도 붉게 충혈된 눈이 마치 유계幽界의 사자 같은 몰골이다.

이와 맞은편 동벽의 벽화는 남쪽을 향한 무덤 주인의 행렬 장면이

앞방 동벽 벽화 도면

다. 명문에 의하면 이 행렬
도는 자사가 유주의 소재지
인 계현 현령의 영접을 받는
행차로 확인된다. 원상근하
로 배치된 행렬도의 중앙부
에는 얼굴을 내민 무덤 주인
이 탄 화개차花蓋車가 그려져
있고, 상단과 하단에는 일렬
종대의 창을 든 개마무사鎧
馬武士들이 행렬을 호위한다.

126

소가 끄는 수레의 앞과 수레 사이에는 기병과 수레를 끄는 시종들이 보인다. 그 뒤로는 또 한 대의 화개차와 부인이 탄 듯한 평개차에 시녀들이 따른다. 수레 아래의 기마인물들도 칼을 찬 호위병이다. 이 행렬도에도 그 내용을 설명한 명문 외에 중요 인사들 각각의 관직명이 적혀 있다. 그리고 관리, 병사, 시종, 마부 등 인물들은 위계적인 질서에 따라 크기가 다르다. 안악3호분에 비하여 규모가 크게 축소된 것이지만, 행렬의 구성 방식은 유사한 점이 없지 않다. 수레 사이와 전위의 기병들이 부분적으로 중첩되어 있으나, 안악3호분보다 원상근하의 배치가 정연하여 고구려식으로 발전된 공간 구성이다. 안악3호분의 행렬도보다 치밀함이나 장엄함에는 못 미치지만, 탄력 있는 선묘로 표현한 행렬의 동적인 표정은 고구려적 감수성을 물씬 풍긴다.

이 행렬도와 연결되는 남벽의 동쪽에는 4열로 그려진 선도악대가 보인다. 북과 대각 등의 연주자만으로 축소된 고취악대鼓吹樂隊로서 보병과 기마악사가 섞여 있다. 두 명이 어깨에 메고 이동하는 북과 고수가 아래에 등장한다. 두 기마악사는 상단에 있다. 뒷사람은 대각을 불고, 앞사람은 작은 방울을 단 소고를 연주하는 모습이다.

남벽의 서쪽 벽화는 2단으로 구성된 화면에 무

앞방 남벽 벽화 도면

덤 주인과 함께한 관리들이다. 명문에 의하면 유주부 관리들의 회합으로, 무덤 주인과 관리들의 자세와 표정을 자연스레 연출해 놓은 장면이다. 회의장에 뒤늦게 들어오는 관리를 향한 듯 몸을 돌려 합장하며 그를 맞이하는 인물의 설정이 해학적이다. 그 오른쪽으로는 회의록을 작성하는 서기書記가 보인다.

북벽의 통로 오른쪽 벽면에는 두 대의 소수레와 기마인물들의 이동하는 장면이 흐릿하다.

이들 앞방과 널방 주벽의 인물풍속도 외에, 보존 상태가 양호한 앞방의 천정화가 특히 당시 신앙적 사상 체계를 엿보게 해 준다. 천정은 네 벽면이 좁혀들게 축조되어 3단의 역계단으로 마무리되어 있다. 그 네 벽면에 그려진 천정화는 일상, 월상, 북두칠성을 비롯해서 크고 작은 60여 개의 별로 이루어진 성좌도를 기본으로 한 것이다. 사이사이에는 구름무늬 장식과 상서롭고 장수나 영원성을 상징하는 상상의 동물, 비천상, 견우와 직녀의 설화적인 내용 등 상상의 선계가 표현되어 있다. 이들 천정화에는 각각에 이름이 적혀 있어서 고구려 고분벽화의 천정화가 상징하는 바의 해석을 가능케 해 준다. 옥녀지번玉女持幡, 선인지당仙人持幢, 선인지련仙人持蓮, 길리지상吉利之象, 만세지상萬歲之象, 천추지상千秋之象, 부귀지상富貴之象, 천마지상天馬之象, 하조賀鳥, 영양零陽, 박위博位, 비어飛魚, 견우지상牽牛之象과 직녀지상織女之象 등이 예이다.

이들 가운데 주목을 끄는 것은 남벽의 견우직녀도이다. '견우지상'이라고 명문이 적힌 견우상은 황소를 끌고, '□□지상'이라 쓰인 직녀상 뒤에는 검은 개가 따른다. 견우와 직녀 사이 완만한 곡선은

앞방 남벽 천정 벽화의 견우직녀도

연녹색의 은하수이다. 약간 우향한 자세로 황색포를 입은 견우는 고삐를 쥐고 앞서며, 은하수 위의 직녀는 두 손을 가슴에 모으고 님을 떠나보낸 자세이다. 간략한 필치로 표현된 인물 묘사와 함께 움직임을 묘사한 소와 개의 모습은 웃음을 자아낸다. 견우과 직녀 설화는 널리 알려진 이야기이다.

남벽에서 동벽 그리고 북벽의 일부에 이르기까지 천정 하단에는 사냥 장면이 길게 연결되어 있다. 남벽 천정의 견우직녀도 앞에서부터 동벽 천정으로 이어진 수렵도는 천상계의 내용을 담은 게 아니라, 여유 공간 부족으로 천정 화면을 빌어 널방 풍속을 그린 듯하다. 말을 타는 사냥은 고구려인의 삶과 기질에 가장 적합한 풍속이었으며, 기록에서도 큰 행사였음이 확인된다. 불꽃무늬 띠 위에 횡렬로 연결된 사냥 장면은 삼산 형식의 산악이 일정한 간격으로 배치되어 있다. 사이에 흑건을 쓰고 시위를 당기는 8명의 기마인물들과 화살을 맞아 피를 쏟아내는 사슴과 호랑이, 멧돼지, 꿩 등의 달리는 모습이 힘차게 펼쳐진다.

이 수렵도는 5세기 후반경의 무용총에 비한다면 아직 묘사력이 못미친다. 그렇지만 왼쪽 상부 천정으로 벌어지는 사냥 장면의 공간감은 광대하다. 또 대상의 재치 있는 특징 묘사와 빠른 붓질의 대범한 먹선과 주선朱線은 꾸임 없는 표현력을 보여 준다. 그런데 둥근 봉우

남벽 천정

무용총 서벽 수렵도 (『통구』하권, 1940)

리의 산악과 간략한 터치의
나무 표현은 사냥 장면의
현장감을 살리려는 의도에
서 그려 넣은 듯하나, 도안
적이고 초보적인 상태이다.
동물이나 기마인물의 생생
한 표현과 좋은 대조를 이
룬다. 이 산악도의 고졸미

앞방 서벽 천정 벽화 도면

는 우리나라 고대 산수화의 발생과 수준을 짐작케 한다. 이 수렵도
는 한漢 대 화상석의 것과 비교되듯이 중국 양식을 수용하여 고구려
화하는 과정을 알려주는 좋은 예이다.[31]

두꺼비의 월상이 있는 서벽 천정에는 '옥녀지번', '선인지당' 등의
명문과 함께 하늘을 나는 선인이 보인다. 수렵도와 마찬가지로 활달
한 표현의 벽화들이다. 이들 가운데 특히 소매와 바지 끝이 뾰족하게
양갈래로 갈라진 옷을 입은 비천은 무용총 천정에 있는 천인의 모습
과 흡사한 차림이다. 이 외에 천마, 사람 머리를 한 괴수, 양쪽으로 사
람 머리를 한 괴수인 지축일신양두地軸一身兩頭, 소나 말머리에 봉황
의 몸을 한 괴수, 불을 타고 나는 양광조陽光鳥, 머리가 둘인 청양새靑
陽止鳥一身兩頭, 날개가 달린 비어, 가릉빈가와 유사한 조류 등 공상적
인 동물들이 그려 있다. 이들은 부귀와 명복, 벽사, 영생을 비는 상서
로운 동물들로 '만세지상', '천추지상', '길리지상', '부귀지상', '벽
독지상辟毒之象' 등 뜻 그대로의 이름이 적혀 있어 상징 의미를 읽을
수 있다. 또한 이를 통해서 다른 고분벽화의 천정화에 대한 해석이 가
능하며, 당시 고구려에 유행한 설화와 신앙의 일면을 엿볼 수 있다.

이들 선인들과 상상의 동물은 묘지명문의 발원과 마찬가지로, 지배층의 부귀와 영광이 더욱 확대되어 안정적 권력이 유지되기를 기원하는 염원에서 비롯한 표현일 것이다. 이러한 벽화들 사이사이의 빈 공간은 구름무늬로 채워진다. 추상화된 새의 모양이 흩어져 날리는 듯한 구름무늬는 무용총, 각저총, 삼실총 등 통구 지역 고구려 고분벽화에서도 흔히 볼 수 있는 장식이다.

앞방의 벽화가 천정을 제외하고 무덤 주인의 생전에 있던 공적인 사건을 담은 것과 달리 널방의 벽화는 무덤 주인의 가내생활과 당시 풍속을 담았다. 그런데 천정의 파괴로 인해 앞방에 비하여 벽화의 보존 상태가 부실하다.

널방의 주제는 북벽의 무덤 주인 실내생활도이다. 감색 장막을 걸어 올린 장방의 서쪽으로 평상 위에 정좌한 무덤 주인만이 등장한다. 부인은 오른쪽으로 자리만 비워 놓고, 무슨 이유인지 완성하지

널방 북벽 벽화 도면

않았다. 북벽의 화면을 꽉 채운 실내 장면 가운데 장방의 설치가 거대하고, 그 안의 무덤 주인상은 앞방 북벽의 인물상과 같은 복식과 자세이다. 유주자사상 왼편으로는 둥근 부채를 들고 흑건을 쓴 시종과 두 손을 모으고 책을 쓴 관리들이 상하에 그려 있다. 장방 밖에는 서쪽으로 말과 마부, 상하에 각각 세 사람이 두 손을 모으고 대기한다. 정지된 여섯 명의 관리들 표정에 비하여, 앞발을 치켜올리는 말과 마부의 표정은 동적이다.

부인의 빈자리 오른쪽으로는 소수레와 주름치마를 입은 시녀들이 네 명씩 상하로 배치되어 있다. 여인들 중 상단의 둘은 머리를 틀어 올려 성숙하고, 나머지 여섯은 양갈래로 머리를 묶어서 처녀의 모습이다. 이들은 두 손에 베를 받쳐 들고 있어, 무덤 주인 부부에게 예물을 올리는 장면이다. 장방 밖의 좌우 그림은 부부가 이용하는 말과 소수레이다.

동벽과 서벽은 벽면을 상하좌우로 네 등분하여 각각 다른 장면을 담고 있다. 서벽에는 누각과 창고, 마사희 장면, 큰 나무가 그려져 있다. 동벽 벽화는 연못에 핀 연꽃, 칠보 행사 장면 등 불교적인 내용이다. 이와 같이 화면을 분할하여 그리는 방법은 안악3호분과 연계된다.

먼저 서벽 남쪽의 상단 왼편 그림은 '마사희馬射戱'장면이다. 마사희는 현재까지 발견된 벽화고분에서는 유일한 소재이다. 마사희는 명문에도 쓰여 있듯이 말 타고 달리면서 활을 쏘아 다섯 개의 말뚝 위에 놓인 목표물을 맞혀 떨어뜨리는 경기이다. 흑건을 쓴 두 기마 인물이 목표물을 향하여 활시위를 당기고, 위로 두 경기자가 대기해 있다. 중앙에 기록자와 심판관인 두 사람이 경기를 지켜본다. 앞방의 수렵도보다 먹선묘가 탄력 있고 생동감 난다.

마사희의 아래에는 거목과 활을 멘 궁수가 말고삐를 매었다. 가지 끝에만 잎이 그려진 나무 표현은 도식적이면서도 곡선적으로 율동적인 가지들이 재미있다. 역시 초보적인 산수화 수준이다.

서벽의 오른편에 두 개의 창고가 보인다. 지상에서 높은 돌기둥을 받쳐 지은 우진각형의 기와집이다. 오른쪽 건물에는 사닥다리가 놓여 있고, 한 시종이 다락으로 오른다. 아래층을 비우고 2층을 창고처럼 사용한 집의 형태는 가야 지역에서 토기로 출토되며, 지금도 길림 지역에 남아 있는 부경과도 유사하다.

동벽은 남북 두 화면으로 나뉜다. 북쪽에는 만개한 연꽃 두 송이와 연봉을 배치하고, 남쪽면 벽화는 불교의 칠보 행사 장면이다. 벽화고분에서 연꽃은 대부분 장식문양으로 이용되었으나, 여기에서는 연못 속에 핀 실제를 묘사한 점이 색다르다.

남쪽면 상단에 그려진 칠보 행사는 나무에 일곱 가지 보물을 걸어

널방 서벽 벽화 도면

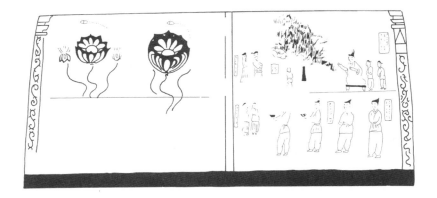

놓고 황포 차림의 한 남자가 좌대 위에서 제祭를 올리는 장면이다. 복
장으로 보아 묘 주인 진이다. 이러한 불교적인 벽화는 묘지명에도 밝
혔듯이 무덤 주인이 불제자임을 증거하는 내용이다. 또 널방 남벽에
도 세 송이의 연꽃 그림이 있음에 비추어, 무덤 주인이 생전에 연못을
선호했던 모양이다. 칠보 행사 장면은 장천1호분에서도 나타난다.

칠보 행사 그림에는 '중리도독中裏道督'임을 밝히는 명문이 쓰여 있다. 중리도독은 현재까지 밝혀진 고구려의 관직명에는 없으나 이와 유사한 중리대형, 중리소형이라는 관직과 관계 있을 것으로 생각된다. 이 무덤의 주인이 유주자사를 지낸 다음에 명예직으로 중앙 관리직인 중리도독에 오른 것으로 추정된다.

남벽 동쪽의 큰 연꽃은 동벽의 불교적인 내용과 연결된다. 서쪽으로는 상하로 가옥을 생략한 마구간과 외양간이 보인다. 상단의 마구간에는 여물을 먹는 세 마리 말이 대각선으로 배치되고, 위에 말의 먹이를 써는 하인이 있다. 하단의 외양간에는 두 마리의 소가 여물을 먹고, 뒤로 두 대의 수레가 놓여 있다. 안악3호분의 가내 장면은 주방, 우물, 차고 등 다양했는데, 덕흥리벽화고분에는 이처럼 축소되어 있다.

앞방과 널방 각 벽에는 기중과 들보로 목조건물의 뼈대가 그려져 있다. 기둥에 장신된 단청은 돌기가 달린 S자형의 당초무늬 형태이다.

동편　　　　　　　　　　　서편

앞방과 널방 사이 통로 벽화 도면

주벽과 천정이 만나는 경계의 들보에는 용강대묘에 등장하는 것과 유사한 물결무늬 띠가 장식되어 있다. 노랑색과 연두색, 적갈색의 화려한 색감과 빠른 붓질이 활달하다. 널방에는 들보 위로도 천정에까지 人자형 소슬과 도리층을 그려 넣어 목조건물 내부를 실재감 있게 재현하였다.

앞방과 널방의 사잇길인 통로에는 앞방쪽을 향한 수레와 행렬이 있다. 각 벽은 상하 2단을 굵은 선으로 가르고, 선 밑으로는 연봉이 세 개씩 등간격으로 배치되어 있다. 양벽의 상단 수레 행렬은 무덤 주인 부부의 나들이 장면으로 짐작된다. 동편 벽화는 평개차의 소수레에 두 시녀와 양산을 든 시종 그리고 호위하는 두 기마인물이 따르는 장면이다. 서편의 벽화는 둥근 화개차의 소수레에 기병과 보병의 무사들이 앞뒤를 호위하는 행렬이다. '물렀거라, 자사 납신다'며 호령하듯 입을 크게 벌리고 있는 앞선 두 기마인물의 표정이 자못 해학적이다. 두 벽면의 하단에는 각각 말과 마부, 양산을 든 시종이

덕흥리벽화고분 널방 천정 측면도

보인다. 말과 마부는 널방 북벽의 도상과 비슷하다. 황색과 적색 말 그리고 연두색 소의 변화를 준 색채 감각이 가장 선명한 벽화이다.

묘실의 입구 널길의 좌우벽에도 벽화가 남아 있다. 박락이 심하여 구체적으로 알 수 없으나 무덤을 지키는 수호신과 연꽃, 시종인 듯한 남녀 인물들이 부분부분 보인다. 수호신장은 서벽의 것이 좀 더 확실한데 대칭형으로 가랑이를 벌리고 앉아 두 손에 깃발이 달린 창을 든 자세이다. 그리고 이 널길 서벽에는 진이 죽은 다음해인 기유년(409년) 2월 2일 묘실을 막았다는 명문이 쓰여 있다.

덕흥리벽화고분은 전형적인 양실 구조이며, 널방과 앞방 북벽의 무덤 주인 초상을 중심으로 인물풍속화가 그려진 무덤이다. 이러한 양식으로는 그 이전 시기로 추정되는 안악3호분과 태성리1호분 그리고 평남 온천군의 감신총 등을 들 수 있다. 또 그 이후 초상화가 없어지고 인물풍속도 중심의 통구 지역 무용총, 각저총, 삼실총 등에도 덕흥리벽화고분과 연계되는 도상이 적지 않다.

이러한 가운데 덕흥리벽화고분은 명문에 의해 연대가 확실하여 인물풍속화가 그려진 4세기 말에서 5세기 고구려 벽화고분의 편년에 결정적인 기준이 된다. 특히 무덤 주인 진이 광대토대왕 아래서 지방장관을 지낸 신하로서 묘지명과 널방, 앞방 내부의 관리들에 대한 명칭과 지명은 지방군현 분할과 관료제도와 요동 지역을 통치한 고구려의 영토 범위 등 5세기 고구려사의 빈곳을 채워 주는 귀중한 사료이다. 각 장면마다 명문과 표현은 당시 풍속 및 설화에 대한 해석, 사회사와 문화를 구체적으로 밝혀 주고 있다. 벽화의 색채와 조형미는 광개토대왕 시절 문화예술의 높은 수준을 잘 보여 준다.

덕흥리벽화고분 외형 모습

고분 내부 널길에서 본 앞방과 널방

널길 서벽 인물상

앞방 북벽 무덤 주인 유주자사 초상

앞방 북벽 유주자사 오른편 악사와 장방 장식, 병풍 장식

앞방 북벽 무덤 주인 유주자사 왼쪽 악사들

앞방 북벽 무덤 주인 유주자사 초상의 장방 장식

앞방 북벽 동쪽 기둥 단청과 두 수레

앞방 동벽 무덤 주인 행렬도

앞방 동벽 행렬도 마차와 소수레

앞방 동벽 행렬도 상단 깃발 창을 든 개마병사

앞방 동벽 행렬도 무덤 주인과 마차 덮개

앞방 동벽 무덤 주인 행렬도 상단 깃발 창을 든 개마병사 부분

앞방 동벽 무덤 주인 행렬도 하단 기마병사들

　　　　　　앞방 동벽 무덤 주인 행렬도 하단 기마인물

앞방 남벽 동쪽 행렬 선도악대

앞방 남벽 동쪽 행렬 선도악대 북을 멘 뒤쪽 악사

앞방 남벽 동쪽 행렬 선도악대 북연주 부분

앞방 남벽 동쪽 행렬 선도악대 상단 기마악대

앞방 남벽 동쪽 행렬 선도악대 중간 병사들

앞방 남벽 서쪽 유주자사 회의 장면

앞방 남벽 서쪽 회의 장면 유주자사 부분

앞방 남벽 서쪽 회의 장면 왼쪽 두 인물

앞방 남벽 서쪽 회의 장면 부분

앞방 서벽 13군 태수들 상단 앞 통사리

앞방 서벽 하단 13군 태수들

앞방 서벽 상단 태수들

157　덕흥리벽화고분

앞방 서벽 상단 13군 태수 중 위쪽 뒤 2명

앞방 서벽 상단 강녕태수 얼굴 부분

앞방 서벽 단청장식과 화염무늬

앞방 동벽 기둥 단청장식

앞방 북벽 천정 유주자사 진 묘지명

앞방 동벽과 남벽 천정 수렵도

앞방 북벽 천정 산악도

앞방 동벽 천정 수렵도의 산악과 화살 맞은 사슴

앞방 동벽 천정 산악도

앞방 동벽 천정 수렵도의 검정 들소 사냥 기마인물 부분

앞방 동벽 천정 수렵도의 검정 들소

앞방 동벽 천정 새사냥

앞방 동벽 천정 북쪽 수렵 장면

앞방 동벽 천정 북쪽 수렵 장면 화살 맞고 피흘리는 호랑이

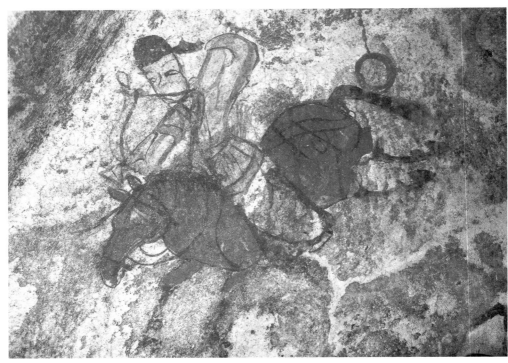

앞방 동벽 천정 북쪽 수렵 장면 호랑이를 향해 활시위를 당기는 기마인물

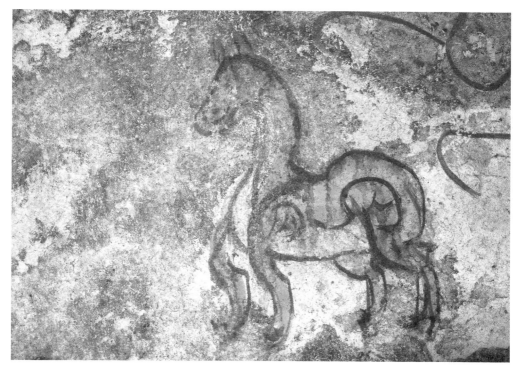

앞방 동벽 천정 말

앞방 동벽 천정 노루

앞방 동벽과 남벽 천정

앞방 동벽 천정 해와 구름

앞방 동벽 천정 삼족오 해, 일상과 비어

덕흥리벽화고분   앞방 남벽 창방 단청과 화염무늬, 상단 천정 은하수 위 직녀 부귀지상

앞방 남벽 천정 견우와 직녀, 성성지상

앞방 남벽 천정 견우지상 부분

앞방 남벽 천정 견우지상 소 부분

앞방 남벽 천정 직녀와 검둥개

앞방 남벽 천정 직녀지상　　　　　　　　　　　172

앞방 남벽 천정 성성지상

앞방 남벽 천정 부귀지상

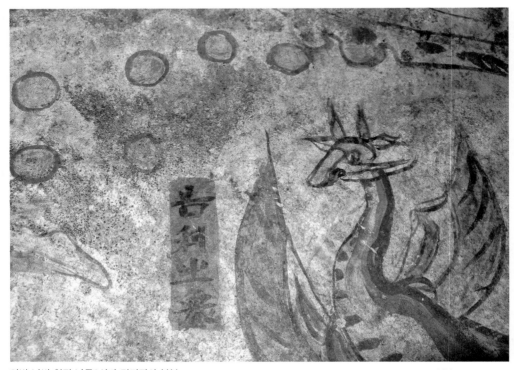

앞방 남벽 천정 남두6성과 길리지상 부분

174

앞방 남벽 천정 부분

175 덕흥리벽화고분

앞방 남벽 천정 수렵도

앞방 서벽과 천정 일부

앞방 서벽 천정 옥녀

앞방 서벽 천정 선녀

앞방 서벽 천정 두꺼비가 있는 달, 월상

앞방 천정 중앙

앞방 천정 상부 남쪽 부분

앞방에서 본 널방

통로 동벽 상단 수레를 따르는 여인들

앞방과 널방 사이 통로 동벽 상단 소수레

통로 동벽 상단 소와 시동

통로 동벽 상단 수레를 따르는 후위

통로 동벽 하단 말과 마부

통로 서벽 하단 백마와 마부

통로 동벽 하단 백마와 마부

통로 서벽 상단 선도 기마인물

통로 서벽 상단 선도 기마인물

통로 서벽 상단 선도 가마

　　　　　　통로 서벽 상단과 하단 가름 장식

널방 북벽과 서벽

널방 북벽 무덤 주인상 부분

널방 북벽 무덤 주인상 왼쪽 부분

널방 북벽 무덤 주인 왼쪽 말과 마부

널방 북벽 무덤 주인상 장방 정상 부분

널방 북벽 무덤 주인상 장방 가장자리 부분

널방 북벽 유주자사에 선물 장면

널방 북벽 유주자사에 선물 장면 수레 끄는 소

널방 북벽 유주자사에 선물 장면 소수레 위 네 여인

널방 북벽과 동벽

널방 동벽 연꽃

널방 동벽 무덤 주인과 관료들 칠보 행사 장면

널방 동벽 무덤 주인 뒤 관료들

널방 동벽 무덤 주인

널방 동벽 무덤 주인 뒤 관료들

널방 동벽 칼 찬 무인관료상

널방 동벽 큰 나무와 시동

널방 동벽 큰 나무

널방 동벽 큰 나무 아래 두 관료

널방 남벽 외양간과 수레

널방 남벽 마구간

널방 남벽 마구간 소년

널방 남벽과 서벽

널방 서벽 마사희

널방 서벽 마사희 기마인물

널방 서벽 마사희 기마인물

널방 서벽 마사희 기마인물

　널방 서벽 큰 나무 아래 백마와 마부

널방 서벽 큰 나무

널방 동벽 큰 나무

널방 북벽과 동벽 기둥머리와 단청장식

널방 단청장식

수산리벽화고분

修山里壁畵古墳

1971년에 발굴된 수산리벽화고분은 옛 강서군의 고정산 남쪽 산기슭 끝에 위치한다. 고정산은 양질의 화강암이 생산되는 곳이다. 지금은 평안남도 남포시 강서구역 수산리에 속한다. 5세기 후반쯤에 축조되었을 수산리벽화고분은 널길과 널방을 갖춘 단실 구조이고, 인물풍속도가 벽화의 주제이다. 인물화는 원숙한 필치와 황색 계열의 부드러운 색감으로 뛰어난 회화성을 보여 주며, 특히 색동 주름치마에 저고리 차림의 여인상은 일본에서 발굴된 다카마쓰츠카高松塚 벽화와 연계되어 주목을 받았다.[32]

　수산리벽화고분은 발굴 전에 이미 심하게 붕괴되어 있었다고 한다. 봉토 내부의 묘실은 남향이다. 널길의 길이는 4.5미터이고, 널방은 한 변이 약 3.2미터인 정방형으로 윗부분에서 약간 내곡되어 있다. 천정은 네 벽에 평형되는 3층의 받침으로 좁히고, 그 위로 삼각형 고임을 얹은 모줄임천장 구조이다. 널방 남벽 중앙에 나 있는 널길은 널방으

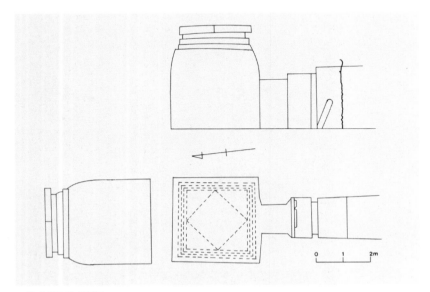

묘실 측면도와 입면도

로 들어가면서 계단식으로 낮아지고, 중간에 두 개의 석문이 설치되어 있다. 입구는 작은 돌로 막아 일반 가옥의 대문을 연상시킨다.

벽화는 잘 발라진 회벽 위에 그렸다. 널방 북벽과 동벽의 벽화는 박락이 심한 편이다. 벽화의 내용은 널길에 수문장이, 널방 북벽에는 무덤 주인 부부의 실내 생활 장면을 중심으로 생활풍속도가 대부분이다. 그리고 각 벽에는 목조건물양식이 치장되고 기둥, 두공, 들보 등의 골조에는 당초무늬가 화려하다. 그 위로 배치된 봉황과 활짝 핀 연꽃무늬 역시 화려하다. 황색을 주색主色으로 적색, 적갈색, 분홍색 등 대체로 따뜻한 느낌을 주는 색 계열의 색감이 가는 먹선의 단정한 필치와 조화를 이룬다.

널방의 중심 화제는 북벽에 그려진 무덤 주인 부부의 가내생활도이다. 벽화 상태는 전체적인 윤곽만 파악될 정도이다. 화면 가운데에는 치미를 올리고 기와를 얹은 우진각지붕의 가옥이 보인다. 장막

널방 북벽(『조선유적유물도감』)

안의 평상 위에 정좌한 부부상은 오른쪽의 부인이 무덤 주인을 향해 얼굴을 돌리고 담소하는 모습이었다고 하나, 현재는 모두 박락된 상태이다. 이에 비해 묘 주인의 좌우 벽화는 양호하다. 묘 주인의 왼편에 노랑색 귀면부채가 세워져 있고, 집안에서 시중드는 남녀 인물들이 보인다. 상하로 배치된 남녀 시종들은 중앙의 무덤 주인 부부를 향하여 약간 몸을 튼 자세이다. 남자들은 무덤 주인을, 오른쪽의 여자들은 부인을 보좌하는 시녀인 듯한데, 두 인물을 앞뒤로 겹쳐 그리는 원근 표현의 시도가 주목된다. 머리를 단정히 빗어 올린 여인들은 검은 색 섶을 댄 담홍색 긴 저고리에 주름치마를 입고 있다. 남자 시종은 고구려의 전형적인 복식으로 흑건을 쓰고 분홍색 혹은 황색 저고리에 검은색이나 흑점무늬가 있는 황색 바지 차림이다. 콤비네이션으로 맞춘 패션의 색채 감각이 탁월한 인물화이다.

　동벽과 서벽의 벽화는 벽돌을 깐 보도처럼 마름모무늬 띠로 벽면을 양분하여 상하가 서로 다른 내용을 담고 있다. 동벽 윗부분에는 두 손을 소매 안으로 넣어 가슴에 모으고 서 있는 인물과 그 아래로 무릎을 꿇은 인물이 있다. 둘은 부자 관계로 보이며, 주변에 그려진 구름무늬로 보아 무덤 주인의 승천도가 아닌가 생각된다. 이들은 모두 뒤끝이 뾰족하게 솟은 흑책黑幘을 쓰고 아래로 길게 늘어진 황색 우임포를 입은 관리상이다. 자연스러운 동세의 표현이나 의습, 그리고 진지한 얼굴의 표정은 성공적인 인물화로서 손색이 없다.

　동벽 아랫부분의 벽화는 북벽의 무덤 주인 부부 쪽을 향한 행렬도이다. 선두에 북과 대각을 연주하는 악대가 앞서고 그 뒤로 기수가 따른다. 중앙에 무덤 주인이 탄 수레와 후미에 주름치마를 입은 여인들이 보인다. 특히 선두의 북은 두 사람이 앞뒤에서 들고 한 사람이 친다. 이 모습은 안악3호분이나 약수리벽화고분의 그것과 유사하다. 수산리벽화고분의 북은 양산이 세워지고 좌우에 설치용 받침이 딸려 있다. 이동 연주와 건고建鼓의 역할을 동시에 하도록 설계되어 있으며, 당초문 형태의 꾸밈이 아름답다.

서벽 상단은 무덤 주인 부부의 곡예 관람도로, 수산리벽화고분에서 가장 상태가 좋고 유명한 벽화이다. 벽돌이 깔린 길 위에 사람들이 배열되어 있다. 왼쪽 그림은 오른쪽을 향한 세 사람의 곡예 장면이다. 긴 나무다리를 하고 두 팔을 벌려 다섯 개의 공을 동시에 던져 받는 재주, 둥근 고리가 달린 세 개의 막대기와 다섯 개의 둥근 고리를 엇바꾸어 던지며 받는 재주, 수레바퀴를 던져 올리는 연기를 공연한다. 이들 세 곡예사의 동작은 해방 후 발굴된 안악3호분의 행렬도와 약수리벽화고분과 팔청리벽화고분 등에도 보이는데, 특히 팔청리벽화고분의 것과 흡사하다.

곡예의 오른쪽으로는 관모를 쓴 무덤 주인과 화려한 복장의 부인이 가족이나 시종들과 함께 연기를 관람하는 장면이 전개된다. 무덤 주인의 바로 뒤 점무늬 노랑바지와 붉은 띠를 댄 검은 저고리를 입은, 키가 큰 남성은 아들인 듯하다. 그 다음 두 손을 가슴에 모으고 곡예를 구경하는 여인상은 귀부인다운 옷차림이다. 부인은 붉은 연지를 찍어 성장한 모습으로 옷깃과 소매에 홍색 단을 댄 긴 저고리와 흰색, 노랑, 연두, 빨강 등 색동이 있는 주름치마가 화려하다. 뒤에는 무덤 주인과 마찬가지로 여자 시종이 대가 굽은 검은색 양산을 받쳐 들고 있다. 앳된 소녀의 모습으로 자연스러운 표정이 인상적이며, 성장한 귀부인보다 오히려 인물화로서 뛰어난 솜씨이다. 신분에 따른 위계적인 표현으로 인물의 크기를 정하다 보니 시종이 든 양산

널방 서벽 상단 무덤 주인 일행의 벽화 도면과 벽화 부분(『조선유적유물도감』)

널방 서벽 무덤 주인 뒤 부인과 하녀(『조선유적유물도감』)

이 너무 커 부담스럽다. 양산을 받쳐 들고 있는 시종이나 귀족층으로 보이는 여인들은 긴 저고리에 색동 주름치마의 옷차림이다. 노랑색, 분홍색, 주황색, 흰색 등의 배합은 고구려 사람들의 탁월한 색채감각을 적절히 보여 준다. 이들 각 벽화에는 주요 인물상의 좌우 위쪽으로 황색 바탕에 먹선이 그어진 긴 색띠가 있는데, 이는 덕흥리 벽화고분처럼 명문을 쓰려던 자리로 생각된다.

서벽 하단에는 인물들의 군상이 보인다. 양산을 든 두 남자시종이 앞서고, 뒤로 마부가 말고삐를 쥐고 말을 멈춘다. 여기에 흑책을 쓰고 도포를 입은 8명의 인물이 배치되어 있다. 이들은 무덤 주인과 관련 있는 관리들로서 무덤 주인의 행차를 대기하는 행렬도의 일부로 생각된다.

남벽의 동쪽과 서쪽에는 각각 황색포를 입은 남자 인물이 2명씩 그려져 있다. 서쪽 인물들은 흑책을 쓰며, 동쪽의 인물들은 맨머리이다. 서벽의 인물들은 동벽 상단의 인물과 같은 관복 차림이다. 도포형 겉옷은 앞에 장방형의 표식이 늘어진 우아한 디자인이다.

각 벽에는 추상화된 구름무늬가 장식되어 있다. 구석마다 그려진 기둥과 단청의 두공, 들보 장식은 용강대묘나 안악2호분처럼 돌기가 있는 S자형의 당초무늬로 채워져 있다. 천정으로 건물의 도리층이 이어져 복잡한 구조의 두공 장식과 함께 장엄한 느낌을 준다. 가운데에는 소슬을 그리고, 그 안에 이를 받치며 힘을 쓰는 장사가 보인다. 좌우에는 연꽃무늬와 봉황이 보인다. 이 연꽃무늬는 끝이 뾰족한 고구려의 특징이 잘 드러나 있으며, 꽃술과 꽃잎맥의 표현은 약간 단순화된 편이다.

널길의 좌우벽에는 무덤을 지키는 수문장이 있다. 왼쪽(서벽)의 수문장은 지워져 자세히 알 수 없으나, 오른쪽의 수문장은 허리띠를 졸라매고 소매를 걷어 올린 모습으로 부릅뜬 눈에 이를 드러낸 표정이다. 마치 금강역사상과 같은 험상궂은 얼굴이다. 오른손에 환두대도를 들고, 왼손에 물고기 모양의 수식이 달린 긴 창을 들고 서 있다. 양손에 모두 무기를 든 특이한 예이다.

　5세기 후반경 수산리벽화고분의 벽화는 무용총 같은 동시기 벽화의 활달한 필치와 달리 우아하면서 얌전한 인물화 솜씨를 보여 준다. 쌍영총과 유사한 주름치마 복식의 여인상을 비롯하여 남녀 인물상은 인물의 비례와 의습 처리, 세심한 먹선의 사실적인 세부 묘사, 황색조를 중심으로 한 밝은 색채 감각, 자연스런 표정과 자세 등 고구려 고분벽화 가운데서도 인물화다운 회화성을 갖추고 있다. 이처럼 섬세한 조형미는 5세기 장수왕 시절 고구려 회화의 또 다른 진면목이다.

수산리벽화고분 외형 모습

널길에서 본 널방

널길 동벽 칼과 깃발 든 무사

널길 동벽 무사 깃발 부분

널방 북벽 왼쪽 무덤 주인 관련 가옥과 노란 부채

널방 북벽 왼쪽 가옥 안의 귀면 장식 노란 부채

널방 북벽 가옥 왼쪽 인물상들과 기둥 단청

널방 북벽 서쪽 상단 두 소년

널방 북벽 오른쪽 인물상 여인들

널방 북벽 오른쪽 인물상 여인들 부분

널방 동벽 상단 배례도

널방 동벽 상단 배례도 무릎 꿇은 젊은 관료상

널방 동벽 하단 북과 나팔 악대

널방 남벽 기둥 단청과 창 든 병사

널방 남벽 기둥 단청과 창 든 병사 상체 부분

널방 서벽

널방 서벽 상단 교예단과 무덤 주인

230

널방 서벽 무덤 주인 뒤 하녀

널방 서벽 교예꾼

널방 서벽 교예꾼

널방 서벽 상단 부인상   널방 서벽 상단 부인상의 일산을 든 시종 소녀

널방 서벽 상단 무덤 주인 부부를 뒤따르는 여인들

서벽 하단 일산과 인물들

널방 서벽 하단 마부

널방 서벽 하단 붉은 말과 마부

널방 서벽 구름무늬

널방 서벽과 남벽 모서리 기둥머리 장식

널방 천정 목조물 단청

널방 천정 연꽃무늬 파편

널방 남벽 서쪽 하단 무늬

널방 천정

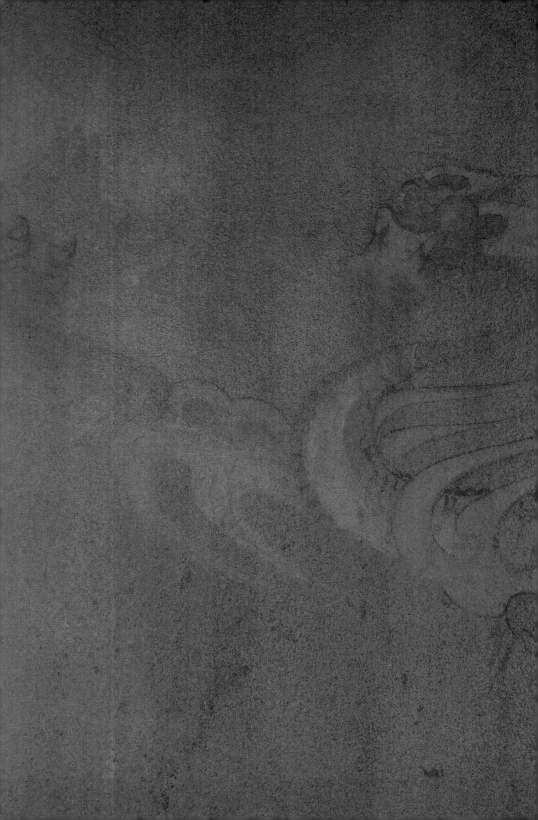

사신도
고분

진파리4호분

眞坡里4號墳

진파리4호분은 평양시 역포구역 용산리 동명왕릉의 북방 솔밭에 위치한 고구려 무덤들 중 하나이다. 진파리 고분군은 단실묘 구조로 벽화의 유무 등 다양한 유형을 보여 준다. 고분군 가운데 벽화고분인 1호분과 4호분은 유사한 유형의 벽화를 지닌 고구려 6세기 이후의 사신도 고분이다. 1호분이 사신을 네 벽의 주제로 삼은 반면, 4호분은 현무가 등장하지 않고 나머지 사신도가 신선상들과 어울려 있다. 따라서 4호분이 1호분보다 시대가 앞서는 6세기 중반쯤에 조성된 것으로 추정된다.[33]

산기슭 솔밭에 안치된 무덤은 전면의 경사가 급하고, 묘실은 남향이다. 방대형 분구는 한 변이 23미터, 높이가 약 6미터이다. 내부 묘실은 단실 구조이며 남북으로 긴 장방형의 널방과 널길로 축조되어 있다. 널방의 네 벽은 넓은 판석으로 짜 맞추고, 동서의 폭 2.5미터, 남북 길이 3.3미터, 높이 2.5미터 크기이다. 천정은 2단 벽면과 평행

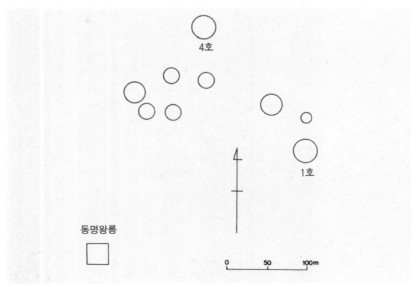

4호분 위치 도면

하는 받침을 얹고, 그 위에 삼각형 고임을 얹어 모줄임천장 형식으로 마무리한 구조이다.

　벽화는 면회를 바른 위에 그렸는데, 그림의 상태는 썩 좋지 않은 편이다. 현존하는 벽화는 널방 네 벽을 채운 장식무늬, 사신도의 일부, 일상日象과 월상月象, 천인상 등이다. 천정에는 별자리, 연꽃무늬, 인동무늬를 장식하고, 널길 좌우에는 연못이 배치되어 있다. 이들 벽화는 먹선묘가 부드럽고 회화적이다. 분홍색, 주색, 황색, 백색, 자색, 갈색 등 엷은 파스텔톤도 그렇다. 특히 벽면과 천정 전체에 화려한 금색을 사용하여, 고분의 내부를 화사하게 꾸며 놓았다.

　동벽의 아랫부분 벽화는 청룡도이다. 윗부분 왼쪽에 용을 타고 날아가는 신선이 보이고, 왼편에는 봉황과 신선도의 일부가 남아 있다. 청룡은 꼬리와 가슴 부분의 흔적만이 희미하고, 신선 역시 그 전모를 알아보기 힘들다. 동벽의 벽화 가운데 그래도 형체나마 알아볼 수 있

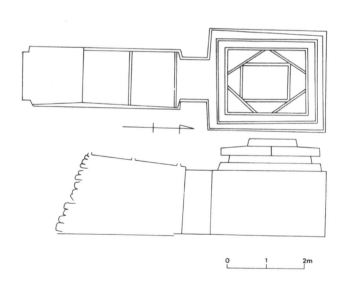

0　　1　　2m

묘실 평면도와 입면도

는 도상은 왼쪽의 용을 타고 나는 신선상이다. 양뿔이 뻗은 용은 머리를 치켜들고 힘차게 웅비하는 자세이다. 이와 유사한 용을 타고 면류관 형태의 방형관을 쓴 신선상은 통구사신총의 천정 벽화에 나타난다. 이 상의 뒤로 떠오른 대칭형의 연꽃과 인동무늬는 용과 신선의 리듬을 따른 셈이다. 분홍색과 주황색과 연두색의 감미로운 색감의 연꽃과 인동무늬는 공주 송산리 무령왕릉 출토 금관식이나 벽돌의 연화문 등과 형태가 동일하여 주목된다. 무령왕릉의 연대(523/526년)로 보아 이 무덤의 연대도 비슷한 시기로 추정된다.

서벽의 벽화는 왼쪽만 남아 있다. 아래는 백호, 위로는 3구의 신선상과 월상이 희미한 편이다. 얼굴만이 겨우 남은 백호는 청룡과 마찬가지로 후기 사신에 가까운 이미지이다. 머리 부분만 남은 선인은 봉황으로 보이는 서조瑞鳥를 타고 있다. 이 선인은 쌍계雙髻를 올리고 두 송이의 꽃을 장식했으며, 작은 금색점을 찍었다. 백호와 선인상의 사이 공간에 동벽과 마찬가지로 그 상들과 어울려서 인동무늬, 연꽃무늬, 구름무늬들이 날고 있다. 구름무늬는 마치 산 능선처럼 굴곡지고 수평으로 꼬리가 뻗은 형태이다. 구름 위에도 작은 금색점이 찍혀 있다.

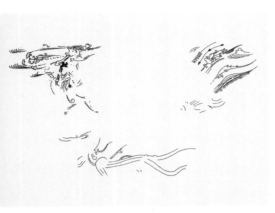

동벽 벽화 도면   서벽 벽화 도면

중앙 윗부분의 월상은 이중원 안에 나무를 그리고, 월상에는 작은 금색원이 장식되어 있다. 월상에 두꺼비가 아닌 내리1호분과 같이 계수나무와 옥토끼가 들어 있다. 이 월상으로 보아 동벽에 일상이 있었을 것으로 짐작된다. 이 무덤처럼 일상과 월상을 벽면 윗부분에 배치한 예는 매산리사신총, 대안리1호분 등으로 사신도와 인물풍속도가 공존하는 6세기 전반경의 벽화고분에 주로 나타난다.

남벽의 널방 입구 윗부분에, 서로 마주보는 한 쌍의 주작이 보인다. 주작은 일반적인 봉황의 형상이나 다른 주작과 달리 나는 듯한 동세를 취한다. 양다리를 벌리고 움직임을 설정한 것이다. 날갯짓의 곡선에 맞추어 인동무늬를 장식하고, 오른쪽 주작에는 서벽의 것과 같은 구름무늬가 보인다. 주작도의 아래는 나무 그림의 일부가 남아 있는데, 널길의 연못숲과 흡사했으리라 추정된다.

북벽의 하단에 현무로 보기 힘든 용의 형상이 있고, 그 위에 두 신선도가 보인다. 보고서에 의하면 하단의 형상이 불꽃을 뿜는 상태이지만, 몸의 윤곽으로 판별할 때 청룡과 흡사하다고 한다. 사신도 벽화에서 현무가 있어야 할 자리에 용이 대신한 별격이다.

천정부는 벽화의 상태가 양호한 편이다. 천정고임의 장식무늬는 별자리, 연꽃무늬, 인동무늬 띠 등으로 질서 있고 단정하다. 1층 받침은 특이하게 황토 다짐을 하고 그 위에 벽화를 그렸다. 인동무늬를 등간격으로 장식하고, 인동 사이에는 금색의 연꽃 장식이 끼워 있다. 인동무늬는 황토의 자주색 바탕에 주홍색, 녹색, 흰색, 분홍색으로 치장되어 있다. 짙은 색띠는 전반적으로 가벼운 벽화에 악센트를 준 듯하다. 2층 받침에는 녹색과 백색을 등간격으로 반복하여 색칠하였는데, 톱니무늬가 돌출한 듯한 착각을 일으키게 한다. 색다른 장식 기법이다.

삼각형받침에는 인동당초무늬와 만개한 연꽃무늬가 보인다. 삼각면의 1층과 2층 네 구석에는 흰색, 연두색, 분홍색조의 연꽃무늬와 그 주변에 인동무늬가 회전하는 듯한 모습으로 장식되어 있다. 화사하게 밝은 8개의 연꽃잎 안에 작은 점을 찍었고, 꽃잎 끝이 부드러우며 자방의 크기와 잘 어울린다. 이 연꽃무늬는 5세기 쌍영총이나 연화총의 날카롭고 복잡한 표현보다 단순하다. 이는 무령왕릉의 연꽃무늬 벽돌이나 백제 와당의 연꽃무늬와 흡사한 형태로, 후기 고구려 고분벽화에 나타나는 연꽃무늬의 새로운 형식이기도 하다. 그래서 고구려가 6세기에 들어 일정하게 백제 문화도 수용했던 것으로 추정해 볼 수 있겠다.[34]

천정 중앙에는 많은 별이 가득하다. 별자리들은 금색이 박락되어 있기는 하나, 북두칠성을 가장 크게 부각시키고 나머지는 크기에 따라 변화를 주고 있다. 이 성좌들은 28수를 나타냈을 것으로, 별의 크기 변화 등 비교적 체계적인 천문도 형식인 점이 주목된다. 이러한 형식은 고구려 고분벽화에서는 드물다. 보통 고구려 고분벽화의 별자리는 몇 개의 주요 성좌만을 압축하는 게 관례였기 때문이다.

천정 별자리 벽화 도면

이 무덤에서 가장 이색적인 벽화는 널길 좌우벽의 연지도蓮池圖이다. 두 연지도는 비교적 보존 상태가 좋으며, 그야말로 녹색의 향연장과 같다. 연꽃그림은 불교의 상징이니 극락세계를 상징할 법한데, 왕궁이나 대가에 있을 만한 정원처럼 꾸민 것 같다. 연못

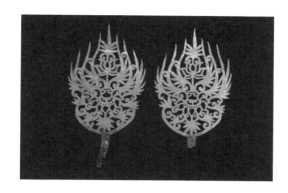

백제 무령왕릉 왕비 금제관식,
526~529년, 높이 22.6cm, 국보
제155호, 국립공주박물관 소장

널길 연못 벽화 도면

백제 무령왕릉 널방 연꽃과 인동무늬 전, 523~529년(1978년 촬영)

은 좌우 바위 동산의 가운데이며, 수면에 수직으로 파장형 무늬가 있다. 동산에 괴석과 나무가 그려지고, 못에 녹색의 연잎과 분홍색의 연꽃이 솟아있다. 좌우에 측면으로 꺾인 연잎과 두 개의 작은 연봉오리가 도식적으로 대칭을 이룬다. 주변은 널방 벽면에서 보이는 인동무늬와 연꽃무늬가 날고, 연못의 파장형 수면에 홍색의 고사리와 같은 수초도 그려져 있다.

연못 좌우의 동산과 나무의 배치도는 대칭형에 가까우며 겹겹이 마름모꼴 동산은 먹선과 갈색의 농담으로 산의 부피감을 나타내고, 그 아래와 주변에 괴암이 보인다. 산의 능선을 따라 그려진 나무는 부채형 잎이 우거진 솔밭숲으로 묘사되어 있다. 나무줄기는 곧게 뻗고 청록색 나뭇잎에는 '＊'형태의 금색이 장식되어 있다. 이 산과 나무의 표현은 5세기 덕흥리벽화고분, 무용총 등의 도식적인 산수 표현보다는 사실 묘사가 두드러진다. 산수 양식은 강서대묘, 진파리1호분 등 후기의 무덤으로 내려오면서 사실감 나는 묘사로 발전한 것이다.

진파리4호분은 사신도가 신선들과 함께 등장하는 점으로 미루어 보아, 전형적인 후기 사신도 무덤의 전단계적 양상을 띤다. 선묘나 장식무늬도 마찬가지다. 특히 인동과 연꽃무늬가 백제의 무령왕릉 출토 유물의 장식무늬와 흡사하여, 그 편년을 6세기 전반으로 짐작하게 한다. 사신과 함께 표현한 신선상은 통구 지역의 후기 사신도 고분인 통구사신총, 통구오회분 4호묘와 5호묘 등에서 천정으로 옮아간다. 진파리4호분의 청룡과 백호 형상이나 율동감 있는 연꽃과 인동의 장식무늬는 진파리1호분에서 한층 유려해진다.

진파리4호분 외형 모습

널길에서 본 널방

널길 서벽 언덕과 소나무들 부분

253 진파리4호분

널길 서벽 소나무들

널길 서벽 연못 연봉우리들

널길 동벽 연못 소나무와 산언덕

널길 동벽 연못 상단 인동무늬와 먼 산 부분

널길 동벽 연못 금박무늬

널방 북벽과 천정, 동서벽

널방 북벽 천인과 용

널방 북벽 왼쪽 천인과 인동무늬

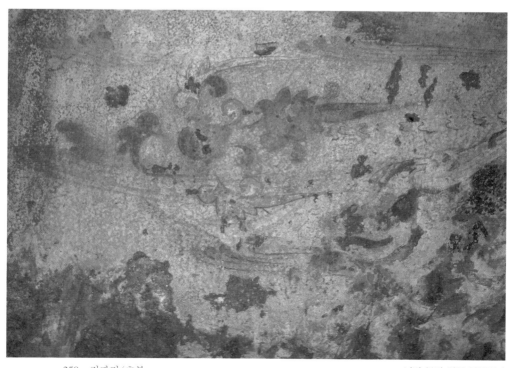

널방 북벽 왼쪽 인동무늬

널방 북벽 오른쪽 상단 천의자락과 연꽃

널방 북벽 하단 용

널방 동벽 왼쪽 용

널방 동벽 인동무늬

널방 남벽과 널길

널방 남벽 왼쪽 주작

널방 남벽 모서리와 서벽

널방 서벽 하단 백호도

널방 서벽 왼쪽 천인상

널방 서벽 천인 머리 장식

널방 서벽 상단 전인이 날리는 연꽃

널방 서벽 상단 연꽃과 구름무늬

널방 천정

널방 북쪽 천정 짜임

널방 북쪽 천정 받침

널방 북벽과 동벽 모서리 천정 받침

널방 천정 동남쪽 모서리 연꽃과 인동무늬

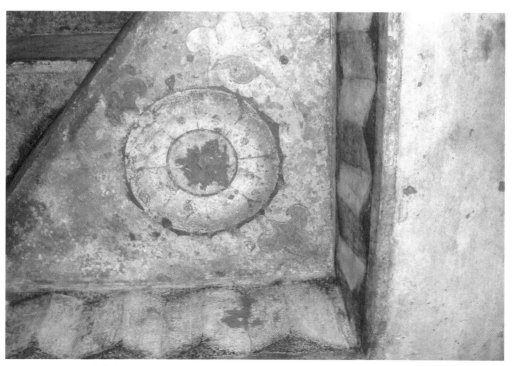

널방 천정 서남쪽 모서리 연꽃과 인동무늬

널방 천정 북동쪽 모서리 연꽃과 인동무늬

널방 천정 북서쪽 모서리 연꽃과 인동무늬

널방 천정 받침 톱니무늬

널방 천정 받침 톱니무늬에 금박 연꽃

널방 천정 받침 인동무늬

널방 천정

널방 천정 별자리 금박

진파리1호분

眞坡里1號墳

진파리1호분은 평양시 역포구역 용산리에 있는 동명왕릉 부근의 고분군 가운데 동쪽 가장자리에 위치해 있다. 4호분의 동남향이다. 4호분과 함께 해방 전에 조사되었으나, 보고서는 해방 후에 출간되었다. 발굴 당시 일본인 화가가 그린 모사화의 일부가 현재 국립중앙박물관에 전한다. 진파리1호분은 6세기 중후반경의 단실묘 구조이며, 회벽에 그린 사신도 벽화는 고구려 후기의 세련된 필치와 회화성을 잘 보여 준다.[35]

진파리1호분은 무덤군에서 가장 큰 무덤이다. 봉토의 평면은 방대형으로, 한 변이 약 30여 미터이고 높이는 약 5미터이다. 지상에 축조한 묘실은 널방과 널길을 갖춘 단실묘이다. 널방은 남북으로 긴 장방형이고 크기는 남북 3.4미터, 동서 약 2.5미터, 높이 2.5미터 가량이다. 벽은 납작한 석재를 이용하여 쌓았고, 천정은 판석으로 축조하였다. 모줄임천장의 삼각형 고임은 네 모서리가 서로 맞지 않게 약간 벌어져 있다. 남향으로 낸 널길은 널방의 중앙에 위치한다. 폭

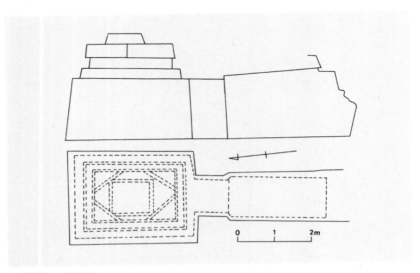

묘실 입면도와 평면도

은 약 1.5미터, 길이 약 3.5미터, 높이 약 3.5미터 크기이다. 널길과 묘실 입구에 석문의 흔적이 있으나 현재는 남아 있지 않다.

　회벽면 위에 그려진 벽화는 부분적으로 손상되었으나, 벽면의 상층부는 양호한 편이다. 먹선과 혼용한 채색은 갈색조이다. 여기에 적색, 주황색, 황색, 녹색, 자색, 적갈색 등이 조화를 이루고 있다. 농담의 변화를 준 몰골법 채색과 선묘가 유연하게 혼용되어 있다. 벽화의 필치는 경직되지 않아 자유롭고 활달하다. 네 벽에는 사신도가, 천정에 해와 달, 연꽃무늬, 인동당초무늬가 채워져 있다. 널길에 수문장이 보인다.

　사신도에는 그 배경으로 활달한 구름무늬를 깔고, 구름 사이사이에 연꽃과 인동무늬를 배치하여 화면 전체가 율동감이 넘친다. 현무도가 있는 북벽화는 이 무덤에서 가장 주목할 만하다. 현무는 박락과 손상이 많다. 모사화나 옛 사진을 보면 길게 내민 거북의 목을 뱀

북벽 현무(1930~1940년대 사진)

이 감고 서로 으르렁대는 표정이 살아 있었는데, 현재는 거의 보이지 않는다. 또 거북이의 등에 육각형 장식이 보이며, 뱀은 거북의 몸을 두 번 휘감고 거북이 꼬리와 평행하여 비등하듯이 뻗어 있다. 뱀과 거북의 엉킨 모습은 다른 사신에 비하여 동세가 약간 떨어지는 편이다.

북벽화의 백미는 현무 좌우의 큰 나무와 아래쪽에 깔려 있는 산악도이다. 지금은 산악 표현만은 거의 살펴보기 힘들 정도이다. 좌우의 나무는 각각 U자형 두 줄기이다. 왼쪽의 것은 산 능선에, 오른쪽의 것은 산 정상에 있고 완만한 굴곡의 리듬으로 바람에 하늘거리는 듯하다. 두 갈래의 나무줄기에 갈색으로 나무껍질을 묘사하고, 잔가지는 꾸불꾸불하게 여러 갈래로 갈려져 있다. 잔가지 주위에 변화를 준 농담으로 연한 녹청색의 나뭇잎이 딸려 있다. 나무의 형태는 우리나라에서 흔한 소나무이며, 동명왕릉 부근 솔밭에서 닮은 소나무를 만날 정도이다. 두 소나무는 우리나라 고대 산수화에서 가장 세련되고 사실적인 사례이다. 뛰어난 한 폭의 산수화라 이를 만하다.

나무 아래 표현한 능각의 산악은 갈색의 농담을 주어 산의 부피감을 넣었다. 왼쪽 나무 아래의 뒷산에도 작고 간결하게 선묘한 나무를 그려서 공간감을 살렸다. 현무의 아래에는 박락이 심해 잘 보이지 않으나 산악들이 이어져 있어 풍경화로서 면모를 갖추었다. 진파리1호분의 산수 표현은 무용총, 각저총, 덕흥리벽화고분 등 5세기 무덤에 나타난 산악과 나무의 상징적이고 도안적인 표현에서 사실적인 묘사로 현저한 발전을 이룬 것이다.[36]

이처럼 현무도에 산악, 나무, 유운문이 장식된 예로는 중국 육조시대 북위의 이주습묘지爾朱襲墓誌 덮개의 석각화가 있다. 이 석각화

는 영안永安 2년(529년)에 제작된 것으로, 돌 위에 새긴 표현의 제약
이 있지만, 진파리1호분의 사신도와 유사한 양식이다. 현무의 표현
은 진파리1호분에 비하여 짜임새 있고 당당하다. 그렇지만 산악과
나무, 구름무늬 표현은 진파리1호분이 훨씬 세련된 모습이며 화면
전체의 공간감은 훨씬 뛰어나다. 이 비교를 통해서도 진파리1호분의
벽화는 6세기 중후반 이후로 추정할 수 있겠다.

　동벽의 청룡과 서벽의 백호상은 비슷한 자세로 북향해 있다. 청룡
과 백호상은 동벽과 서벽이 긴 관계로 몸이 길게 표현되어 어느 사
신도보다 유연하다.

　청룡은 불꽃 형태의 날개를 날리며 앞발을 내밀고 비등하는 자세
이다. 벽면의 길이로 인하여 몸이 길게 과장되어 있다. 특히 뒷다리
는 몸체보다 더욱 길게 변형되어 힘을 받쳐주는 듯하다. 뿔이 뻗은

동벽 벽화 도면

청룡은 입을 벌리고 있으며, 내민 혀가 반달 모양으로 위를 향했다. 몸체에 비하여 머리가 가늘며, 꼬리는 계단식으로 꺾어 뻗고, 다리에 비등하는 형상을 따라 잔털이 날린다. 등에 녹색, 배면에 주색과 황색의 농담이 비늘을 묘사한 먹선과 적절히 조화를 이룬다.

청룡과 유사한 자세의 백호는 호면과 둥근 반점의 호피무늬로 청룡과 구분된다. 머리에 뿔이 없고 입을 벌리고 포효하며 날카로운 이를 드러낸 표정은 호랑이와 가깝다. 청룡과 백호의 동세를 따라 구름무늬는 오른쪽에서 왼쪽으로 파도치는 듯한 율동감을 준다. 짧은 선에서 점점 긴 선으로 연결된 유운문流雲文 사이에 바람으로 날리는 듯한 연꽃과 인동무늬가 삽입되어 있다. 연꽃과 인동무늬는 천정에 표현된 형태와 같으며 진파리4호분의 것과 흡사하다. 청룡도의 꼬리 부분에는 새의 모양을 형상화하여 실재감 있게 구름과 연결시킨 점이 눈에 띤다. 북벽의 현무도와 함께 표현된 구름무늬에는 용이 그려져 있다. 새구름, 용구름, 연화·인동구름을 형상화했다.

남벽의 입구 좌우에는 각각 주작도가 서로 마주본다. 보통 두 마리의 주작이 한 쌍으로 등장하는 데 비해, 여기는 좌우가 다르다. 왼쪽 벽의 주작은 수탉 형상이나, 오른쪽의 주작은 봉황의 머리로 몸체에 붉은 점무늬가 그려진 특이한 예이다. 양쪽의 세부 표현이 다른 점은 암수를 구분한 것으로 생각된다. 두 마리의 주작은 양날개를 힘차게 펼친 자세이다. 마치 불꽃이 모아져 타오르는 듯이 연출한 이 주작도는 다른 사신도에 비하여 가장 구김살 없고 활달하다.

천정에 해와 달, 인동당초무늬, 그리고 만개한 연꽃무늬가 대칭으로 정연하다. 천정 받침 1, 2층과 삼각형 받침 측면에는 인동당초무늬가 리드미컬하다. 이들 무늬는 장식적이라기보다 사신 벽화와 어울려서 생동감이 넘친다. 삼각형 받침 밑부분과 끝머리의 네 구석 그림은 만개한 연꽃무늬이다. 흰색 바탕에 분홍색과 갈색조의 연꽃과 인동잎은 서로 감도는 듯한 표현으로 전체적인 율동감을 맞추고 있다. 연꽃은 끝이 부드럽고 단순화

널방 천정 벽화 도면

한 형태로 꽃잎마다 먹점이 찍혀 있다. 이는 후기 연꽃무늬의 특징으로 진파리4호분, 내리1호분에서 볼 수 있으며, 백제의 7세기 전반경 부여 능산리벽화고분 천정에도 나타난다.

천정 개석에는 해와 달이 나란하고, 네 구석에 만개한 연꽃의 일부와 십자형의 인동무늬가 대칭을 이룬다. 일상日象에는 붉은색 원 안에 삼족오가, 월상月象에는 계수나무 아래 토끼와 두꺼비가 불로약을 찧는 모습이 담겨 있다. 일월상의 외연에 팔랑개비무늬를 가미한 것이 특이하다.

널길 좌우의 벽화에는 무덤을 지키는 수문장 격인 수호신이다. 박락이 심하나 머리에 두광, 발에 연화대좌 등은 불교의 사천왕이나 금강역사상의 형상인 점이 주목된다. 이들은 반라半裸의 모습으로 눈을 부릅뜨고 손에 창과 칼을 들었다. 다리의 근육을 사실적으로 드러내고, 옷자락은 끝이 날카롭게 바람에 날리는 듯한 형상이다. 신

상 머리의 꽃장식은 진파리4호분의 신선과 유사하다. 이러한 수문신장이 널길에 그려지는 예는 안악2호분, 쌍영총, 통구사신총 등이 있다. 진파리1호분의 신장상은 후기의 통구사신총과 흡사하고, 앞 시기보다 세련된 인물화를 보여 준다. 이를 볼 때, 후기의 무덤에 사신도가 벽면을 차지하면서 인물풍속도는 사라지지만, 인물화를 담당한 화가의 기량은 여전했음을 엿볼 수 있다.

진파리1호분 벽화는 자유분방하다. 동적인 필치로 전 화면이 바람을 따라 율동적 리듬을 타고 있는 듯하다. 호방한 고구려 기질이 잘 반영된, 6세기 후반경의 회화로 서정적인 분위기가 돋보이는 벽화무덤이다. 사신 표현은 강서대묘나 통구사신총 등에 못지않으나 세부의 치밀함과 웅혼한 힘은 약간 떨어지는 느낌도 든다.

진파리1호분 외형 모습

솔밭에 어울린 진파리1호분

진파리1호분에서 본 평양 동쪽 산 능선들

널길에서 본 널방

널방 입구 서벽 신장상

널방 입구 서벽 신장상

북벽 나무와 유사한 모양의 근처 소나무

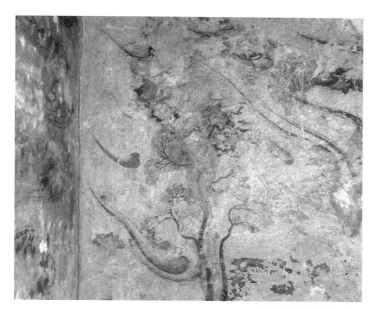

고분의 널방 북벽 소나무

널방 북벽 현무도와 두 소나무

널방 북벽 현무 오른쪽 소나무

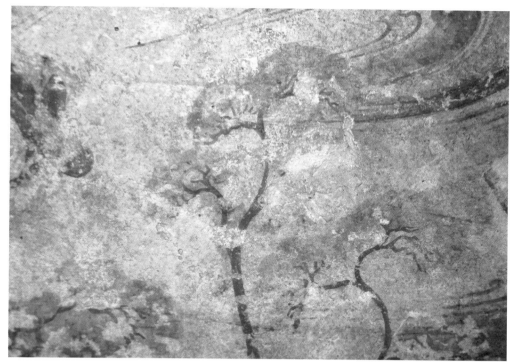

널방 북벽 현무 오른쪽 소나무 부분

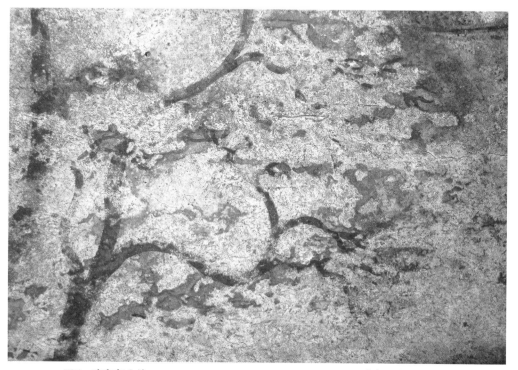

널방 북벽 현무 오른쪽 소나무 부분

널방 북벽 현무 왼쪽 소나무

널방 북벽 현무 왼쪽 소나무 부분

널방 북벽 현무 왼쪽 소나무 부분

널방 북벽 현무 왼쪽 연꽃무늬

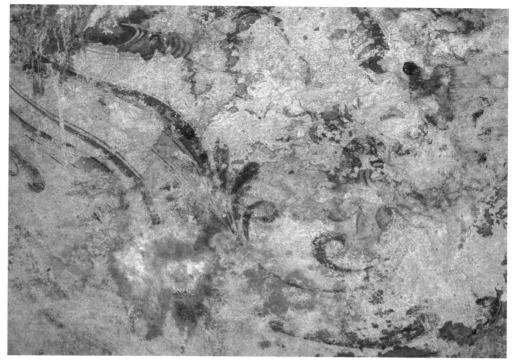

널방 북벽 중앙 불꽃과 인동무늬

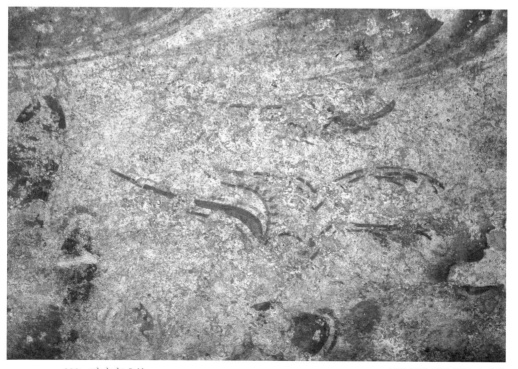

널방 북벽 중앙 구름 속의 용

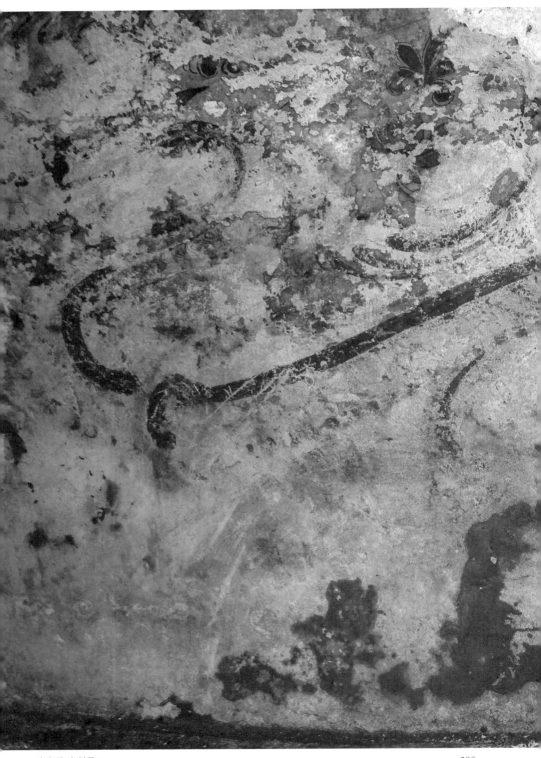

널방 동벽 청룡도

301 진파리1호분

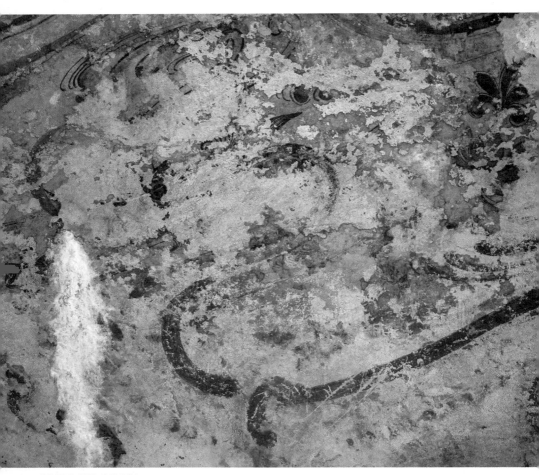

널방 동벽 청룡 상체 부분

널방 동벽 청룡 오른쪽 구름새 부분

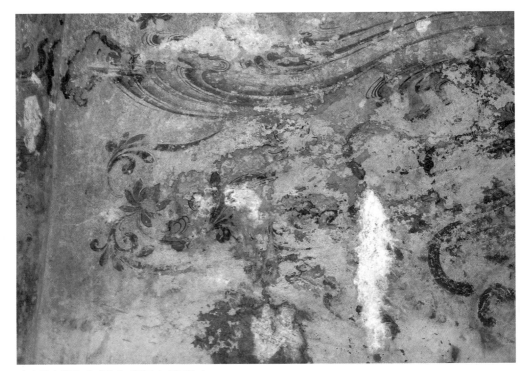

널방 동벽 청룡 앞 연꽃과 인동무늬, 구름무늬

널방 동벽 왼쪽 상단 연꽃 구름무늬

널방 동벽 연꽃무늬

널방 동벽 연꽃

널방 남벽 주작도

널방 남벽 왼쪽 주작도 머리 부분

널방 남벽 왼쪽 주작도

널방 남벽 오른쪽 주작도

널방 남벽 오른쪽 주작도 머리 부분

널방 서벽 백호도

널방 서벽 백호 머리 부분

널방 서벽 백호 앞 연꽃 인동무늬

널방 서벽 상단 연꽃과 인동무늬, 구름무늬

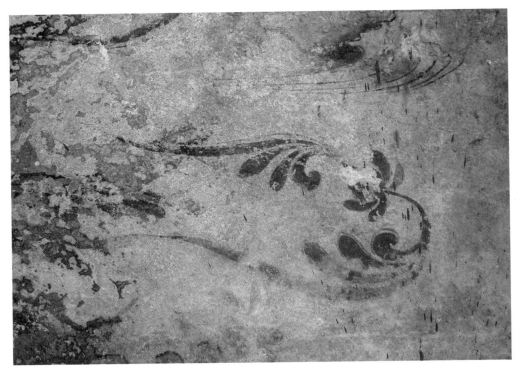

널방 서벽 백호 앞 연꽃과 인동무늬

널방 서벽 백호 뒤 구름무늬

널방 서벽 중앙 연꽃

널방 천정 북쪽 짜임새

널방 천정 동쪽 모서리 인동당초무늬

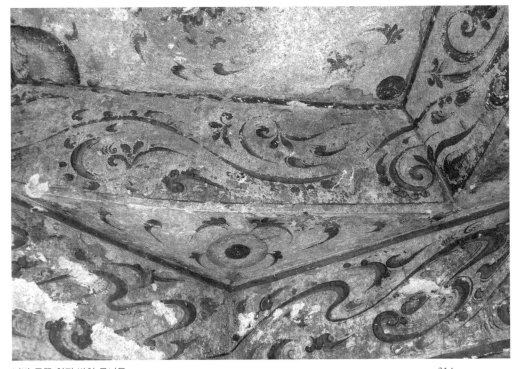

널방 동쪽 천정 받침 무늬들

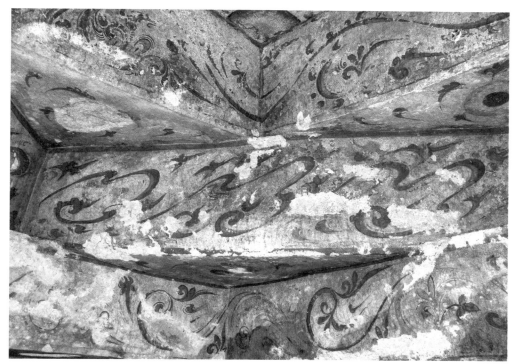

널방 천정 남쪽 모서리 받침 구름무늬

　널방 남벽 오른쪽 주작도 머리 부분

널방 천정 남쪽 삼각형 받침 연꽃과 인동무늬

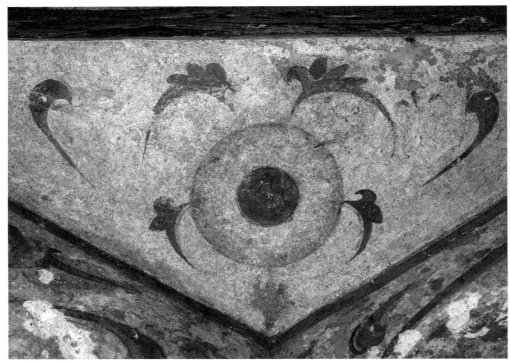

널방 천정 동쪽 삼각형 받침 동심원과 인동무늬

널방 천정 받침 인동무늬

널방 천정 받침 구름무늬

널방 천정

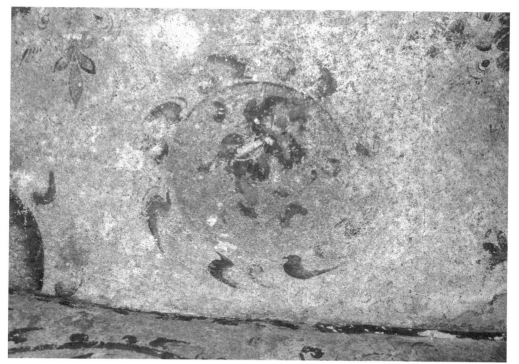

널방 천정 삼족오가 있는 일상

널방 천정 계수나무와 토끼, 두꺼비가 있는 월상

널방 천정 모서리 꽃무늬

널방 천정 일상과 월상 사이 꽃과 인동무늬

호남리사신총

湖南里四神塚

호남리사신총은 평양시 삼석구역 호남리에 있고, 대성산과 이어진 광대산 남쪽 기슭의 큰 무덤이다. 옛 지명은 평남 대동군 자족면 호남리였다. 인접한 노산리의 개마총과 함께 1916년 조사되었다. 낮은 구릉지의 들판이 펼쳐진 주변 일대에 고구려의 무덤이 산재해 있는데, 벽화고분으로 서쪽에 고산리1호분과 9호분, 동쪽에 남경리벽화고분, 내리1호분이 위치한다. 단실 구조의 묘실에 그려진 사신도는 힘차기는 하지만 고졸한 형식이어서, 후기 사신도 시대의 개막을 알리는 존재로 꼽힌다.[37]

한 변이 35미터 가량인 방대형 무덤의 아래에 돌기단이 축조되어 있었다고 한다. 돌기단은 동명왕릉, 진파리10호분 등 초·중기 고구려 무덤에서 볼 수 있으나, 벽화고분으로는 흔하지 않은 형식이다. 지금은 모두 흙으로 덮어 봉토분 상태이다.

묘실은 남향으로 널길과 널방을 갖춘 단실 구조이다. 지상에 설치한 묘실은 하얀 대리석을 정교하게 쌓아 축조하였고, 석재 사이는 석회로 마감했다. 벽화고분에서 대리석을 사용한 유일한 예이다. 널방 내벽은 약간 내곡하고, 천정은 2층의 받침석에 삼각형 받침을 얹은 모줄임천장의 짜임새이다. 널방은 좌우 폭이 약간 긴 장방형으로 약 3.1미터×3.6미터 크기이고, 높이는 약 2.9미터이다. 널길은 널방 중앙에 위치하고, 길이는 약 2.5미터, 폭은 약 1.3미터이다.

벽화는 대리석면 위에 직접 그렸는데, 사신 이외에 다른 내용의 벽화나 장식무늬는 보이지 않는다. 녹색, 주색, 황색 등 밝은 색이 먹선과 적갈색조의 채색에 흡수되어 있다. 사신도는 화면을 꽉 채우지 않고 아담한 크기로 단순하고 고식이다. 그런데도 격정적인 표정은 고구려의 사신도답다. 북벽의 현무도 아래에 네모난 검은색 돌이 하나

박혀 있다. 유별나게 표시되어 혹 묘지석이라도 끼워 놓았을까 하는 생각도 든다.

널방 네 벽의 사신도는 자세나 표정이 좀 색다르다. 동벽의 청룡과 서벽의 백호는 몸이 입구쪽을 향하여 웅비하여, 머리는 반대 방향인 북쪽으로 돌려 젖힌 자태이다. 이처럼 청룡과 백호의 머리를 젖힌 자세는 고산리1호분의 백호도에서 확인할 수 있을 뿐, 여타의 고구려 청룡도와 백호도에서는 흔치 않다. 뒤로 젖힌 머리는 탄력 있는 목의 선율과 함께 힘차다. 청룡은 용머리의 측면을 그린 것이다. 머리에 뿔이 하나 뻗어 있으며, 날카로운 이를 드러내고 윗입술을 치켜올려 위용을 보인다. 일반적인 후기의 사신도는 청룡이 쌍각인 데 반하여 이 청룡은 단각으로, 무용총 등 5세기의 것과 같은 계통이다. 이처럼 호남리사신총의 사신도는 앞 시기의 전통을 유지하고 있다.

백호는 몸체와 목을 한 번 더 뒤틀어 청룡보다 격동적이다. 백호의 안면은 실제의 호랑이를 닮고, 부릅뜬 눈에 앞니를 드러내며 포효하는 표정이다. 남벽의 주작과 북벽의 현무도는 청룡과 백호보다 더욱 이채롭다. 남벽 입구 좌우에 그려진 한 쌍의 주작은 양 날개를 펼치

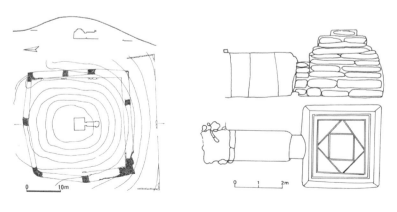

고분 실측 도면   묘실 입면도와 평면도

고 꼬리를 위쪽으로 길게 뻗은 형상이다. 그런데 머리가 봉황이나 닭의 모양이 아니라 타조를 닮아 이국적이다. 북벽의 현무는 뱀이 거북의 꼬리 쪽을 감고 있어 머리가 서로 반대 방향으로 향해 있다. 거북은 목을 길게 빼고 머리를 곧추세우고 있다. 거북의 몸을 네 번 감은 뱀은 꼬리의 끝이 나선으로 말리고, 머리 부분이 뒤틀려 있다. 탄력 있게 전율하는 뱀의 기운을 잘 드러내었다.

호남리사신총의 사신도는 실존 동물의 사실적인 묘사를 가미한 이색적인 형상이어서 주목된다. 또 대리석 위에 그린 탓인지 사신의 표현은 세심한 먹선과 밝은 색이 적갈색조 채색에 감추어져 몰골법인 듯한 독특한 인상을 풍긴다. 사신의 격동적인 자세가 감동적이긴 하지만, 후기의 사신도에 비해 치밀한 선묘나 환상적인 색채가 부족하다. 5세기의 사신도 형태도 잔존해 있다. 호남리사신총의 사신도 벽화는 후기 사신도의 전형이 이루어지는 단계의 과도기적 양식을 보여 준다고 하겠다. 천정화를 그리지 않은 것은 아마도 대리석의 붉은 색조가 주는 자연스런 색무늬가 너무 아름다워서일까 싶다.

호남리사신총의 외형 모습

주변 고분

널길과 널방

널방 북벽 전체와 현무도

북벽 현무도 거북 머리와 뱀 꼬리 부분

북벽 현무도 뱀 머리 부분

동벽 청룡도

동벽 청룡도 머리 부분

남벽 전체와 주작도

남벽 오른쪽 주작도

　　　　　　　　　　　　　　　　　남벽 왼쪽 주작도

천정

서벽 백호도

334

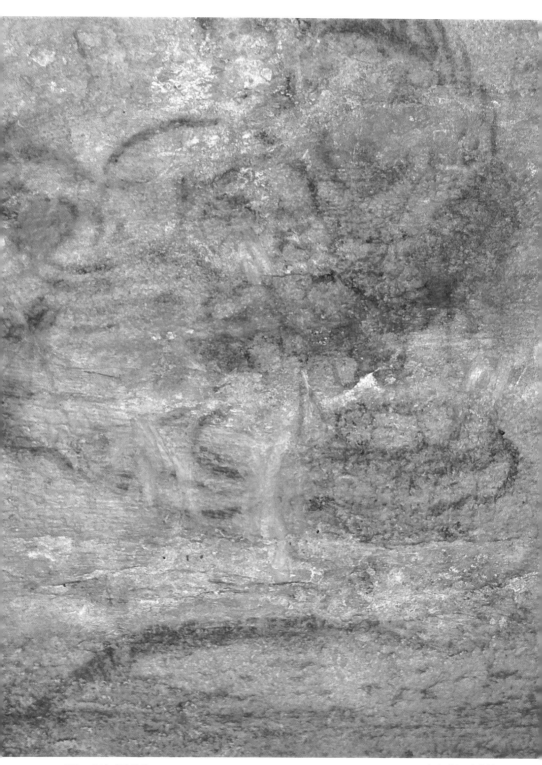

서벽 백호 머리 부분

강서대묘

江西大墓

강서대묘는 옛 강서군 읍내에서 약 4킬로미터 서북방에 위치한 우현리의 3기 고분 가운데 가장 큰 무덤이다. 지금의 행정지명은 평안남도 대안시 삼묘리이다. 1912년 발굴된 3기 중 두 무덤은 사신도 벽화고분이다. 두 무덤은 정교한 묘실 축조술과 뛰어난 기량의 벽화로, 고구려 후기 벽화고분의 최정상급에 속한다.[38] 발굴 당시 제작했던 벽화의 모사도가 현재 국립중앙박물관에 소장되어 있다.

서북방에 무학산을 등지고 광활한 평야지대가 펼쳐지는 좋은 지세에 안치한 3기 중 대묘는 제일 남단에 있다. 방대형 봉분은 한 변이 약 51미터, 높이가 약 9미터에 달한다. 지상에 남향으로 설치한 묘실은 널방과 널길을 갖춘 단실 구조이다. 잘 다듬은 양질의 화강암 석재를 이용하여 정밀하게 축조하였다. 널방은 남북의 길이가 약간 긴 정방형으로 동서의 폭이 3.12미터, 남북 길이가 3.17미터, 천정까지의 높이가 3.5미터이다. 네 벽은 넓은 판석을 수직으로 쌓아

전경, 위 강서대묘, 오른쪽 강서중묘, 왼쪽 강서소묘

올렸다. 북벽은 2장의 판석으로, 동벽과 서벽은 3장의 판석으로 그리고 남벽은 한 장으로 네 벽 모두 반듯하게 조성했다. 천정은 모줄임천장이나 네 구석을 약간 변형시킨 짜임새이다. 즉, 네 면의 상단 구석을 비스듬히 깎았고, 그 위의 천정 고임을 좁히면서 정교하게 짜 맞추었다.

벽화는 잘 다듬어진 석면 위에 직접 그렸으며, 치밀한 먹선과 적색, 적갈색, 녹색, 황색, 갈색, 백색 등 선명한 채색이 장려하다. 고구려 고분벽화 가운데 힘차고 세련된 필치로 가장 뛰어난 회화미를 보여 주는 대표작이다. 널방 네 벽에는 사신도만이 화면 가득 단독상으로 채워져 있다. 천정에 중앙 개석의 황룡을 비롯하여 인동당초무늬와 구름무늬의 장식과 신선, 비천, 괴수, 산악 등 공상적 신선세계가 가득 꾸며져 있다.

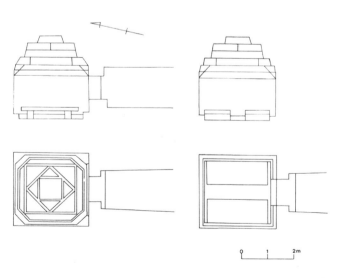

묘실 실측 도면

널방 동벽의 청룡은 입구쪽을 향하여 앞발을 크게 내민 대각선 구도로 속도감 있는 동세이다. 유연한 자세로 사지를 벌려 나는 형상이다. 청룡은 양 날개와 양 뿔이 뻗어 있다. 혀를 길게 내밀고 부릅뜬 눈의 귀면 표정과 발목을 꺾어 날카롭게 세운 발톱은 청룡다운 위용이다. 특히 치밀한 세부 묘사, 빨강과 노랑과 초록의 원색과 연두와 황갈과 주황의 간색이 어울린 화려한 채색, 탄력 있는 필치로 긴장감 도는 화면을 연출한 점은 감탄을 자아내게 한다. 배경을 완전히 생략하여 웅비하는 형상미가 더욱 강렬해 보인다.

서벽의 백호도는 청룡과 마찬가지로 남벽 입구 쪽을 향해 있다. 백호는 청룡보다 약간 몸을 일으켜 세운 자세이다. 넓은 혀를 내민 백호에 줄무늬의 호피무늬를 그려 넣고, 붉은색의 엷은 채색이 가미된 몸에 다른 장식은 없다. 이 백호는 청룡에 비하여 사지가 가늘고 간략한 표현이나 환상적인 표정은 돋보인다.

남벽 입구 주변은 인동무늬 띠로 장식되어 있다. 1998년 9월 처음 강서대묘를 관람했을 때, 인동무늬 띠를 살펴보면서 얕은 부조기법이 활용되었음을 확인하였다. 유리로 묘실 내부를 밀폐했는데 남벽의 인동무늬 띠는 유리장 밖에 드러나 있었다. 그래서 손끝으로 약간 도드라진 면을 느낄 수 있었다. 이를 근거로 나는 유리장에 비친 사신도도 그 기법일 거라 추정하여, 고구려 후기 벽화고분에 석면저부조화법이 활용되었음을 논문으로 발표하였다.39 그런데 이번에 유리장 안으로 들어가 사신도를 확인해 보니, 인동무늬 띠 외에 부조기법은 찾을 수 없었다.

남쪽의 좌우측 벽면에 한 쌍의 주작을 서로 마주보게 배치했다. 주작은 끝에 연봉오리와 불꽃무늬형의 인동초를 입에 물고 있으며, 몸

널방 남쪽 벽화 도면

체는 붉은색과 녹색으로 엷게 채색되어 있다. 좌우로 벌린 양 날개
와 긴 꼬리는 둥글게 원을 이루고, 생동감 넘치는 신필을 보여 준다.

　양쪽 주작의 아래에 산악이 표현되어 있어 주목된다. 여러 개의 봉
우리가 서로 이어져 산맥을 이룬 산악도이다. 앞산과 멀어져 가는
뒷산의 원근감과 능선에서 엷어진 산의 부피감 묘사는 괄목할 만하
다. 이러한 산악도는 5, 6세기 무용총의 평면적이고 도안적인 산악
표현에서 커다란 발전을 이룬 것으로, 외경의 사실적인 묘사에 근접
하기 때문이다. 이 주작도처럼 진파리1호분과 강서중묘에도 산악 표
현이 등장한다. 사신의 방위신적인 의미와 연관 지을 때 풍수지리
사상에 바탕을 둔 소재를 선택한 듯하다. 즉, 무덤의 풍수지리적 근
거를 두고 외부의 입지 조건이 갖는 결함을 보충하려는 뜻에서, 사

신도에 산악이나 나무를 그려 넣었다고 여겨진다.[40] 그런데 주작 외에 청룡과 백호 그리고 현무의 아래에도 산 능선들이 희미하게 남아 있다. 현무의 앞발 쪽의 산 능선이 제일 선명하다. 강서대묘의 사신은 모두 산 위를 나는 형국인 셈이다.

　뱀과 거북 형상의 동물이 엉켜 있는 현무도가 북벽을 채우고 있다. 현무는 뱀이 거북을 감고 거북은 공중을 나는 형상이다. 뱀과 거북의 머리는 서로 위를 향해 불꽃을 뿜는 듯하며, 두 동물의 꼬리가 힘차게 뻗어 있다. 긴 사지를 가진 거북은 걷는 듯한 자세로 공중을 웅비하고, 다리에 잔털이 날린다. 등에 귀갑무늬가 보인다. 머리를 뒤로 젖혀 목을 틀고, 넓적해진 목은 부피감이 역력하다. 뱀은 자신의 몸을 뒤틀면서 거북의 앞뒤 양다리 사이로 몸을 한 바퀴 감으며, 머리와 꼬리를 교차시킨 자태이다. 현무도의 뱀이 주는 곡선미가 긴장된 화면을 연출한다. 뱀이 이룬 곡선의 형상은 통구오회분의 5호분

통구사신총 북벽 현무도와 천정 받침의 인동당초무늬, 6~7세기(『통구』 하권, 1940)

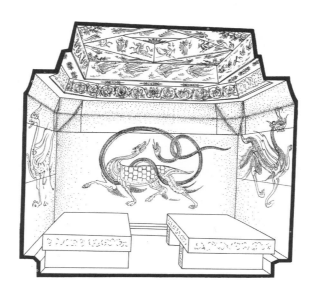

과 통구사신총, 진파리1호분 등에 비하여 한층 탄력이 넘치며 구김 없이 원을 그린다. 또한 적색과 녹색으로 화려하게 채색된 뱀의 윗부분을 짙은 갈색과 먹으로 마감하여 입체감이 튀도록 한 점도 형상을 기운생동하게 한다. 무덤에 들어서자마자 만나는 장쾌한 도상이다.

강서대묘의 사신도는 고구려 고분벽화의 사신도 중 가장 기세 등등한 필치로 표현되어 있다. 특히 이 무덤의 사신도는 진파리1호분이나 통구 지역의 후기 사신도 고분과 달리 배경의 장식무늬를 생략하고, 한 화면에 단독상으로 배치하여 대담한 공간 해석을 보여 준다. 탄력 있는 동작에 생동감 넘치게 치밀한 필치와 화려한 채색 효과는 고구려 후기의 발달된 회화를 잘 대변해 준다.

묘실 바닥에는 관을 놓았던 두 개의 대가 나란히 설치되어 있다. 관대의 옆면과 두 곳의 받침대에 연화문과 당초무늬가 희미하게 남아 있다.

천정에는 신선 사상을 반영한 공상적 선계가 표현되어 있다. 첫 단 받침에 인동당초무늬 띠가, 위의 받침석에 동서의 산악도와 선인, 비천상들이 보인다. 3층의 삼각형 고임석에 봉황, 기린 등 공상적인 동물과 연꽃무늬가 장식되고, 개석 중앙에 황룡이 똬리를 틀고 있다. 천정 벽화는 통구사신총 등 통구 지역의 후기 사신도 무덤과 유사한 선계를 표현하고 있으나, 해와 달과 별자리가 보이지 않는다.

네 벽과 천정을 구분하는 첫 단의 받침에 세련된 필치와 색감의 인동당초무늬 띠가 둘러져 있다. 인동잎과 연꽃무늬가 반복하여 넝쿨처럼 뻗어 있으며, 무늬의 구조는 통구사신총과 흡사하다. 이는 기본적으로 운강석굴에 나타나는 중국 육조시대 양식과도 연계된다.

중앙 개석의 황룡은 머리를 중심으로 시계 반대 방향으로 또아리 치는 모습이다. 휘감기는 속도감에 어울리게 주변의 구름무늬가 같이 감돈다. 용의 구체적인 형상은 청룡도와 같다. 황룡은 중앙을 상징하는 영물로 사신과 함께 오행도상을 상징한다. 천정부에 황룡을 표현한 예로 통구오회분의 4호분과 통구사신총이 있으며, 이들은 고구려 사회에 도교의 정착을 알려주는 사례로 해석된다.

개석의 네 구석에는 만개한 연꽃무늬를 장식하였는데, 각각 4분의 1쪽씩 그려 넣었다. 같은 연꽃무늬는 3, 4층의 삼각형 받침석 밑부분에도 등장한다. 4층 연꽃무늬에 인동잎을 장식하고, 3층의 연화에 암수 닭머리를 한 봉황이 한 쌍씩 배치되어 있다. 연꽃무늬는 복엽이지만 꽃잎 끝이 부드럽고 인동잎을 첨가한 형태가 후기의 특징이다.

2층 받침에 산악도와 선계의 인물상들이 보인다. 동쪽 받침과 서쪽 받침의 중앙에 각각 산악도가 있다. 그 좌우에 봉황 형상의 새를 타고 나는 선인과 도승 그리고 상서로운 괴수怪獸가 보인다. 남쪽 받침에 4구의 승려형 천인이, 북쪽 받침에 4구의 비천상이 보인다. 모두 왼쪽을 향해 나는 모습이다.

가장 주목되는 그림은 동쪽과 서쪽의 산악도이다. 두 산악도의 위치가 일상, 월상이 그려지는 곳인 점으로 미루어 그와 관계 깊은 하늘의 상징일 게다. 산악 표현은 갈색조로 토산土山과 암산岩山의 구분, 산 능선의 녹색나무, 그리고 주변에 표현된 구름무늬 등 풍경화적인 그림으로 발전되어 있다. 서쪽의 산악도는 대칭형의 삼산 형식이다. 주봉은 둥그렇고 좌우의 봉우리는 끝이 날카로운 능각으로 변화를 주어 대조를 이루고, 세 봉우리 사이에 암산도 구분해 그려져 있다. 왼쪽 봉우리는 능선이 오른쪽 봉우리 아래로, 오른쪽은 주봉 가운데로 연결되어 있다. 원근의 개념을 부여하려 한 듯하다. 농담의

통구오회분5호묘 널방 천정 황룡
(『아! 고구려』, 1993)

백제 산수문전, 보물343호, 7세기,
정방형 29cm 두께 4cm

변화로 산악의 입체감을 시도하려는 노력도 역력하다. 산에는 능선을 따라 나무가 그려져 있다. 나무들은 갈색 줄기가 수직으로 올라가 끝에서 짙푸른 녹색의 나뭇잎군을 받쳐 든 모습이다. 이러한 소나무 숲의 산수 표현은 좀 더 체계적인 도상으로 7세기 백제의 산수문전에서 찾아볼 수 있다. 강서대묘의 두 산악도는 진파리1호분의 소나무 그림과 함께 우리나라 고대 산수화에서 대표적인 위치를 차지한다.41

선인상들 중에서 북쪽 받침의 비천상은 4구가 나란히 등간격으로 날고 있다. 풍만한 비천은 약간씩 표정을 달리하며, 특히 두 번째 비천은 손에 악기를 든 주악천인이다. 성장한 여인상의 이미지인 비천은 안악2호분에 보이는 앳된 소녀 모습과 같은 5~6세기 비천과는 대조적이다. 번잡스런 천의를 흩날리는 나신의 상체는 풍만하고 육감적이다. 이 외에 동, 서, 남쪽 받침의 천인상들은 새나 봉황 같은 서조瑞鳥를 타고 있거나 그냥 허공을 나는 모습이다. 삭발한 승려 모양의 천인은 어린 동자 같기도 하다. 새를 탄 천인은 길게 뻗은 머리 장식이 무용총의 비천이나 통구사신총 등의 신선과 흡사하다. 2층 받침에 이들 천상계에 부합하여 구름무늬와 연꽃무늬가 채워져 있다. 구름무늬의 먹선과 채색의 농담, 그리고 파도형의 리듬은 진파리1호분이나 통구사신총과 같은 형식이나 한층 정리되고 간결한 느낌을 준다.

2층과 4층 삼각형 고임의 측면에는 공상적 동물들이 보인다. 3층 받침 측면에 두 종류의 상서로운 동물이 마주하고 있다. 서북과 동남면에 기린을, 서남과 동북면에 봉황을 한 쌍씩 마주보게 하였으며, 그 중앙에 각각 인동 혹은 연꽃과 유사한 영지靈芝를 그려 넣었다. 봉황의 벼슬은 사슴뿔과 유사하고, 기린은 양날개와 머리뿔이 솟아 있다. 생동감 있는 동물들 사이의 영지는 꽃과 줄기와 잎이 율동적이다. 또 3층 삼각형 받침 그림은 봉황 모습의 괴수들이다. 이들은 여러 동물들의 모습을 복합시키면서 돋아난 긴 꼬리가 특징이다.

강서대묘의 천정화는 그 내용이 통구 지역의 후기 벽화고분과 상통한다. 또한 사신도의 치밀한 묘사에 비하여 약간 소홀한 느낌이지만, 간략한 필치의 천인상이나 동물, 산악도는 회화적인 맛을 더해준다. 특히 산악도는 인물화나 동물화보다 미진한 상태에 있던 당시 산수화의 발전을 엿볼 수 있는 중요한 자료이다.

강서대묘는 6세기 후반에서 7세기 전반 고구려 후기 절정기의 벽화를 갖고 있다. 장엄하고 기운생동하는 사신도와 유려하고 다양한 천정화는 고구려 후기의 발달한 회화 수준을 대변한다고 하겠다. 강서대묘의 벽화는 통구 지역의 장식적인 표현을 탈피하였고, 특히 사신도를 배치한 공간 개념이나 천정화의 뛰어난 회화 감각은 한국 회화의 특성으로 꼬집을 만하다.

강서대묘 정면 입구

안내 표시석

널방 관대

널방 관대 벽화 흔적

널방 관대 벽화 흔적

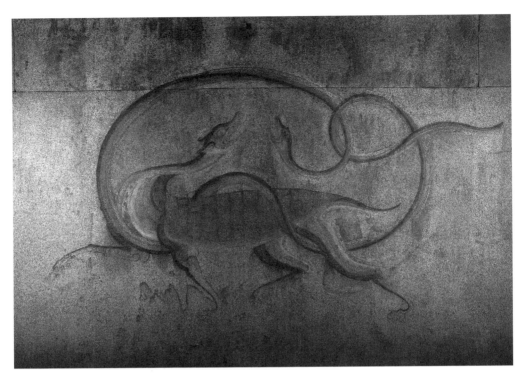

널방 북벽 현무도

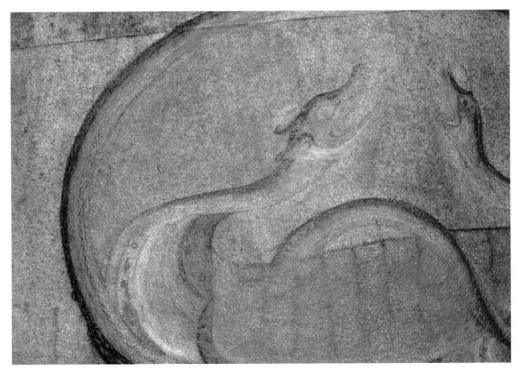

널방 북벽 현무도 거북과 뱀 부분

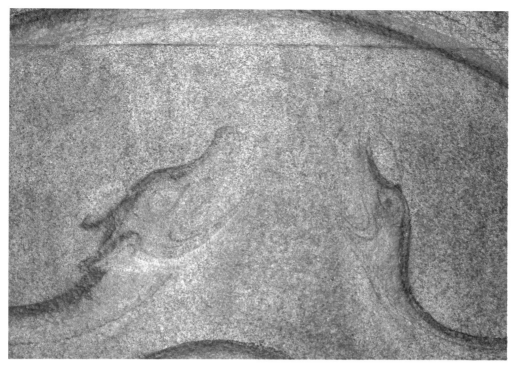

널방 북벽 현무도 거북과 뱀 머리

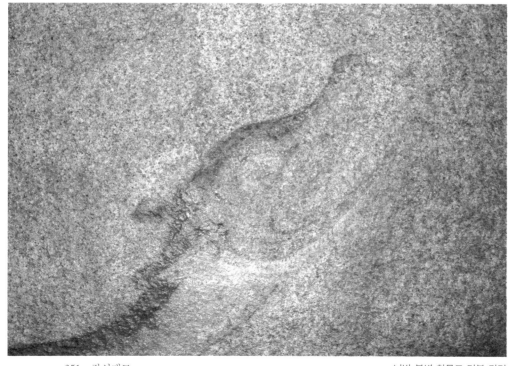

널방 북벽 현무도 거북 머리

널방 북벽 현무도 뱀이 감긴 모습

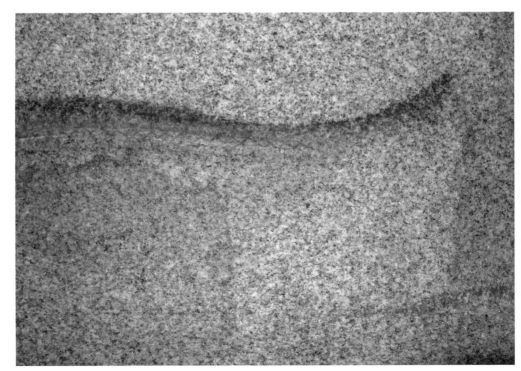

널방 북벽 현무도 뱀 꼬리 부분

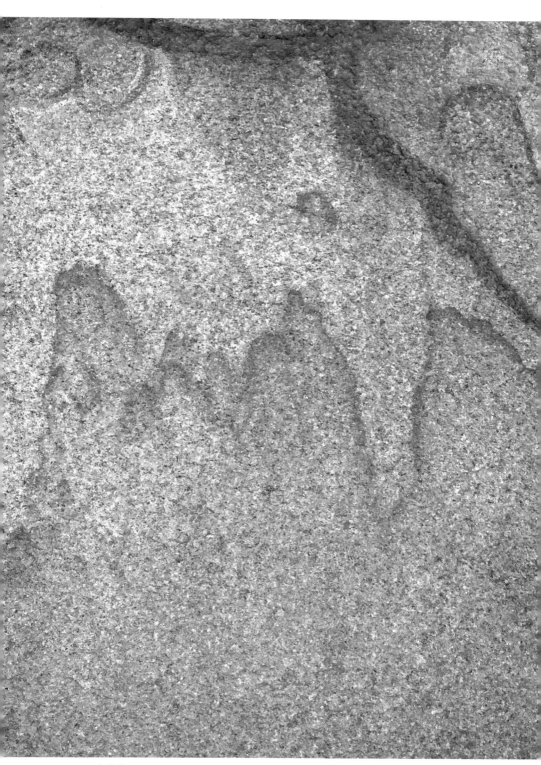

널방 북벽 현무도 거북 앞발과 산악

널방 동벽 청룡도

널방 동벽 청룡 머리 부분

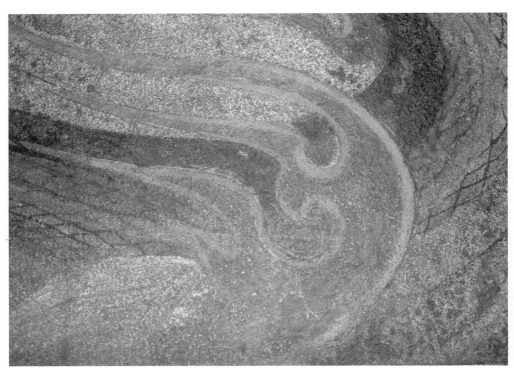

널방 동벽 청룡 날개 부분

널방 청룡도 꼬리 부분

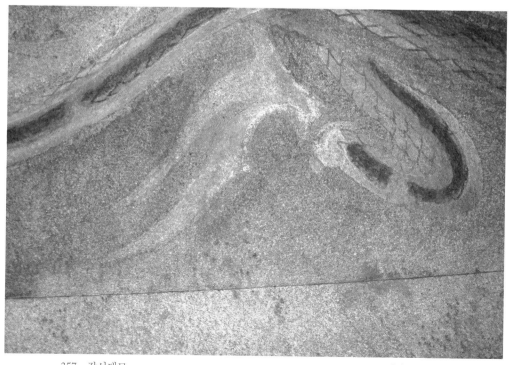

널방 동벽 청룡 뒤 다리 부분

널방 남벽 왼쪽 주작도

널방 남벽 왼쪽 주작도 입에 문 연봉우리와 인동무늬 부분

널방 남벽 왼쪽 주작도 날개 부분

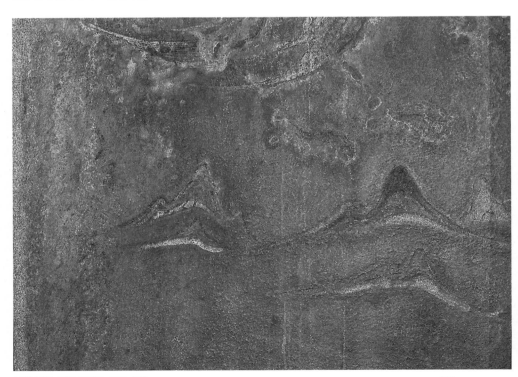

널방 남벽 왼쪽 주작도 발과 산악

널방 남벽 오른쪽 주작도

널방 남벽 오른쪽 주작도 머리 부분

널방 남벽 오른쪽 주작도 몸과 날개 부분

널방 남벽 오른쪽 주작도 발과 산악

널방 서벽 백호도

널방 서벽 백호도 머리 부분

364

널방 서벽 백호도 몸과 날개 부분

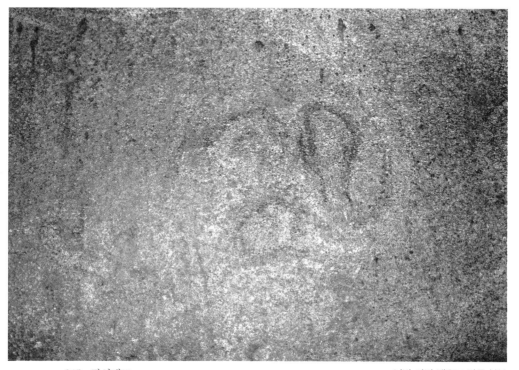

널방 서벽 백호도 발목 부분

널방 서벽 백호도 꼬리 부분과 모서리 짜임

널방 천정 서쪽 방향

널방 천정 동쪽과 북쪽

널방 천정 동쪽과 남쪽

널방 천정 동쪽 받침 산수도와 신선들 아래 인동당초무늬

널방 천정 동쪽 산수도와 신선

널방 천정 동쪽 산수도 오른쪽 봉황 탄 신선

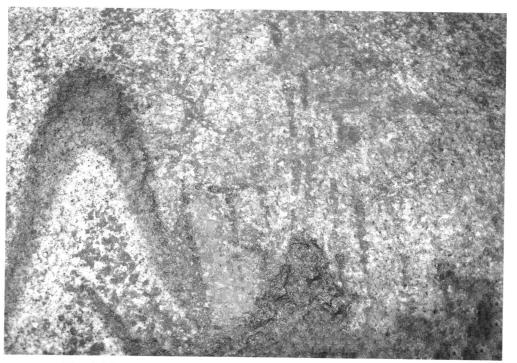

널방 천정 동쪽 받침 산수도 부분

널방 천정 서쪽과 남쪽

널방 천정 서쪽 받침

널방 천정 서쪽 받침 산수도 1

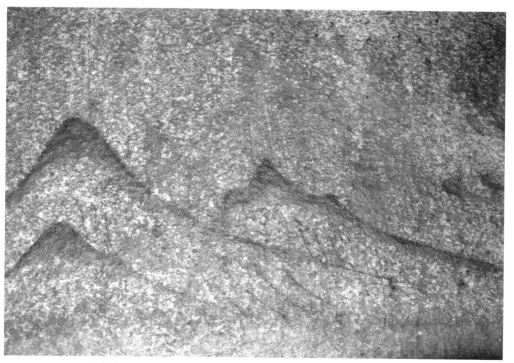

널방 천정 서쪽 받침 산수도 부분

널방 천정 북쪽 받침 주악천인들

널방 천정 북쪽 받침 나팔 부는 주악천인

널방 천정 받침 인동당초무늬 부분

널방 천정 받침 인동당초무늬

널방 천정 받침 인동당초무늬 부분

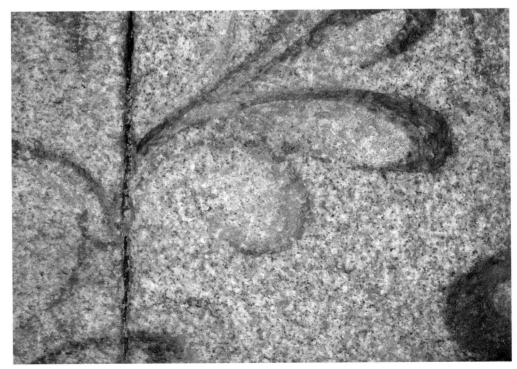
널방 천정 받침 인동무늬 부분

널방 천정 서북쪽 삼각형 받침 연꽃과 봉황

널방 천정 남서쪽 삼각형 받침 연꽃과 봉황

널방 천정 서쪽 받침 밑부분 연꽃과 인동무늬

널방 천정 동쪽 받침 밑부분 연꽃과 인동무늬

널방 천정 서쪽 받침 밑부분 연꽃과 인동무늬

널방 천정 동쪽 받침 밑부분 연꽃과 인동무늬 부분

널방 천정 황룡도

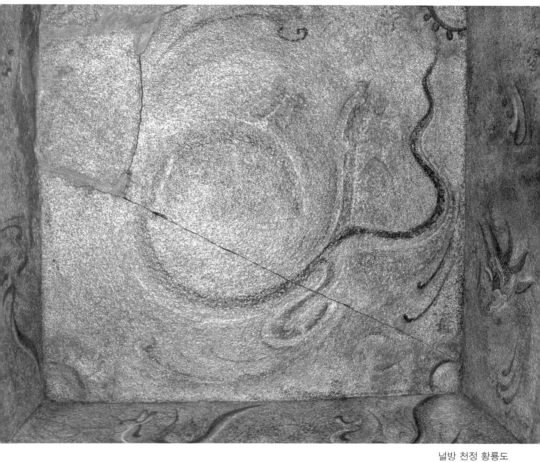

널방 천정 황룡도

강서중묘

江西中墓

강서중묘는 평안남도 대안시 삼묘리의 세 무덤 가운데, 대묘의 서북방 약 90미터에 있다. 중묘는 대묘와 함께 1912년에 조사되어 벽화의 내용이 자세히 소개되었다. 벽화의 모사도가 국립중앙박물관에 전한다. 강서중묘는 대묘의 벽화와 함께 고구려 후기의 대표적인 사신도고분으로 손꼽힌다. 중묘의 벽화는 대묘에 비하여 묘사력이나 웅혼함이 약간 떨어져, 대묘의 벽화에서 양식화한 느낌을 주기도 한다.[42]

방대형의 봉분은 한 변이 45미터 정도이고 높이가 8미터 가량으로, 대묘보다 적은 규모이다. 묘실은 각 벽면에 대형 판석을 한 장씩 이용하여 조성했고, 남향으로 널길과 널방을 갖춘 단실묘이다. 널방은 약 3미터 크기의 방형으로 남북의 길이가 폭보다 약간 길며, 천정까지 높이는 약 2.5미터이다. 널길의 길이는 약 7미터로 긴 편이고, 널방으로 들어가면서 3단으로 좁혀진다. 천정의 짜임새가 색다르다.

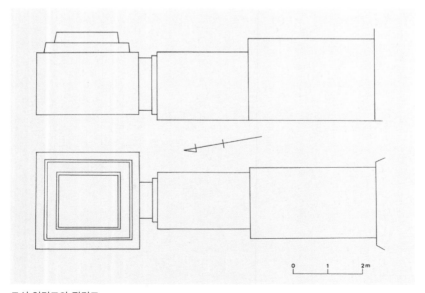

묘실 입면도와 평면도

일반적인 모줄임천장이 아니고 2단의 받침을 안으로 좁혀들게 얹고, 그 위에 네 모서리를 살짝 접은 듯이 새긴 넓은 화강암 개석을 덮은 구조이다. 2단으로 고인 받침은 모서리를 비스듬히 깎아서 정교하게 맞추었다. 이러한 축조법은 후기의 벽화고분 구조에서는 볼 수 없는 새 기술이다.

대묘와 마찬가지로 중묘의 벽화는 잘 다듬어진 석면 위에 직접 그렸다. 벽화의 주제인 사신 형상이나 묘사법, 채색도 대묘와 같다. 다만 천정 벽화는 구조의 변화에 따라 간략해진 점에 차이가 난다.

네 벽의 사신도 중 청룡, 백호, 주작은 다른 후기 고분의 사신 표현과 유사하나, 현무도가 색다르다. 동벽의 청룡과 서벽의 백호도는 남향하여 입구 쪽을 향한 자태이다. 두 상은 대묘와 흡사하나 세부 표현이 간략하다. 청룡은 불꽃을 내뿜는 모습이나 몸의 비늘이 생략되어 있으며, 백호도 혀를 내밀지 않았다. 그렇지만 청룡의 적녹색 대

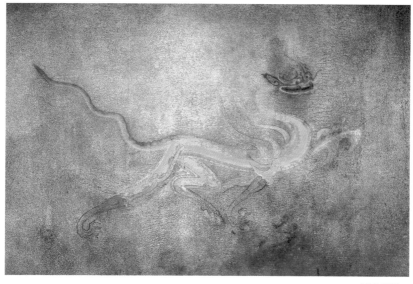

동벽 청룡도

비와 백호의 사납고 환상적인 형상미는 여전하다.

남벽 입구의 좌우 측에 서로 마주보게 그린 주작도 대묘보다 정리된 느낌이다. 입은 구슬을 물고 있으며 양 날개, 깃털, 한 줄기로 뻗은 꼬리도 박진감보다는 단정한 느낌이 크다. 그러나 호분의 사용과 날개 부분의 벌겋게 익은 홍시 같은 선홍색은 고구려 최고의 붉은색이다. 또 통일감 있는 수묵의 잔 선묘는 세련미가 넘친다.

북벽의 현무도는 특이하게 변형되어 있다. 거북의 모습이니 마치 네 발 달린 야생동물과 같다. 거북은 달리거나 공중을 나는 표정이 아니고 정지된 자세이다. 또 거북을 감고 있는 뱀도 등에 능화문이 그려져 있고 비늘이 생략되어 있다.

현무의 아래로 산악도가 깔려 있다. 사신과 산악도의 관계는 대묘의 주작도와 같이 음양오행 사상과 밀접했을 것이다. 현무 아래에 옆으로 길게 연결된 능선은 마치 인근의 바위산인 무학산을 닮은 듯하다. 부드럽고 완만한 선과 구불구불한 선을 구사하기 위해 굵고 가늘기의 변화를 주었으며, 갈색을 엷게 보완하여 산의 부피감을 내었다. 오른쪽 산 능선에 붉은색으로 암편岩片이 묘사되고, 왼편 능선에는 붉은색의 용수철과 비슷한 형상이 보인다. 이 산악도는 상징성보다 실경을 묘사한 듯하여 후기의 다른 산수 표현과는 별격이다.

천정 받침에는 간결한 인동당초무늬가 빙 둘러져 있다. 넓은 판석으로 된 개석 중앙에 만개한 연꽃무늬를 중심으로 동서에 일상과 월상, 남북에 봉황 그리고 네 구석에 연꽃무늬편을 장식하였다. 간결하고 짜임새 있는 구성미가 돋보인다. 이러한 천정 벽화의 간결한 구성은 구조적 특징 때문이기도 하겠지만, 후기의 새로운 변화로 해석하고 싶다.

천정 받침의 인동당초무늬는 파형의 줄기에 인동잎무늬와 목화송이처럼 핀 꽃무늬가 연속으로 장식되어 있다. 인동무늬는 기본적으로 통구사신총, 강서대묘와 같은 구조이나, 선이 느슨하고 간결하다. 받침의 밑부분은 S자형 구름무늬가 장식되고, 네 구석에 세련된 배열의 인동잎이 보인다. 구름무늬는 5세기 새의 모양이 변형된 형태

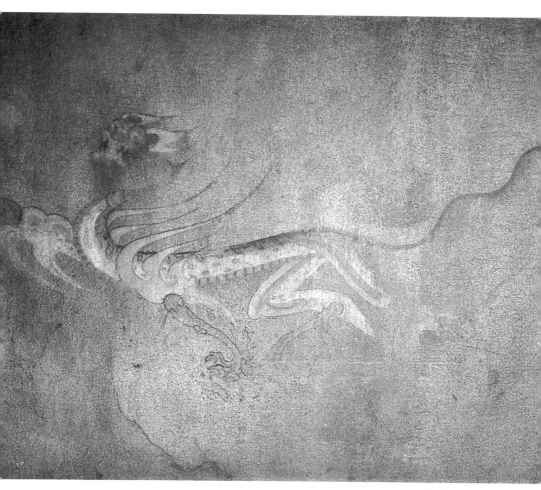

서벽 백호도

이다.

개석 중앙의 만개한 12변의 연꽃무늬는 5~6세기의 끝이 뾰족하고 복잡한 표현에서 단순화되었다. 연꽃 안의 자방이 크며 잎은 동심원으로 붉은색과 갈색의 음영 처리가 돋보인다. 각 잎에 작은 점이 찍혀 있다.

동서의 일상과 월상에는 각 상징인 삼족오와 두꺼비가 보인다. 전기에 비하여 월상의 두꺼비는 마치 곤충과 같이 추상화되어 있으며, 붉은색 원의 일상에는 주변에 간략한 구름무늬가 곁들여져 있다. 남북의 봉황은 두 갈래의 꼬리가 주작과 유사한 형상이고, 전체적으로 소략한 필치이다. 네 구석에 장식된 절편의 연꽃무늬는 중앙의 연꽃무늬와 같은 형상이며, 후기 연꽃무늬처럼 꽃 주변에 인동무늬가 뻗쳐 있다.

강서중묘는 천정 구조와 함께 벽화도 후기의 어느 고분보다 단순화되어 있다. 사신이나 동물 표현에서 소략하게 정리된 형상미가 그러하다. 천정화의 내용도 몇몇 주요 화제로 압축된 점이 이 무덤의 특징이다. 이러한 경향은 고구려 고분벽화의 양식화로 여겨지나, 세련미나 회화적인 수준은 그대로 유지되어 있다.

강서중묘 외형 모습

묘실 입구

널방 북벽 산악과 현무도

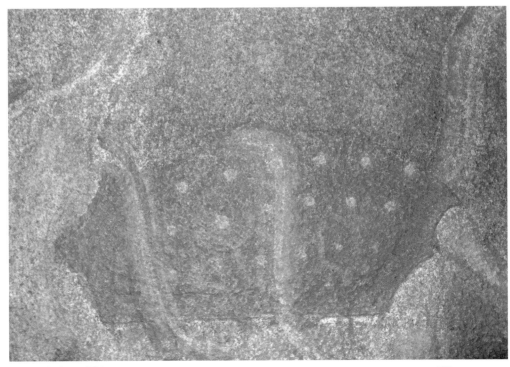

널방 북벽 현무 등 부분

널방 북벽 현무도 왼쪽 산악

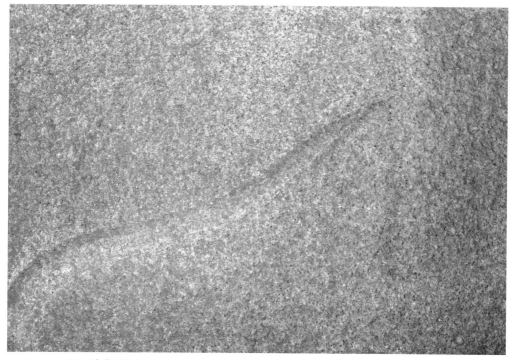

널방 북벽 현무도 뱀의 꼬리 부분

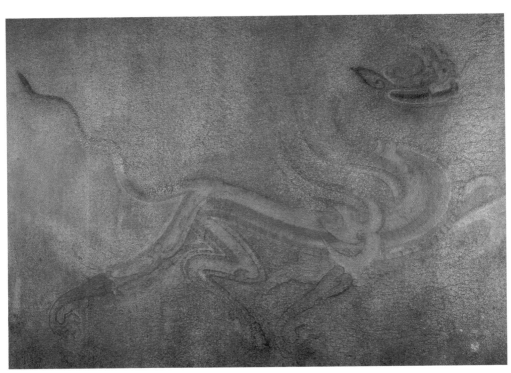

널방 동벽 청룡도

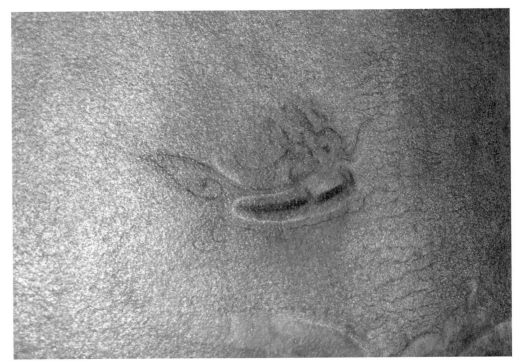

널방 동벽 청룡도 상체 부분

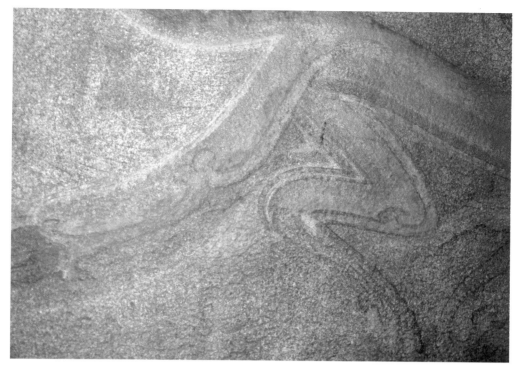

널방 동벽 청룡도 하체 부분

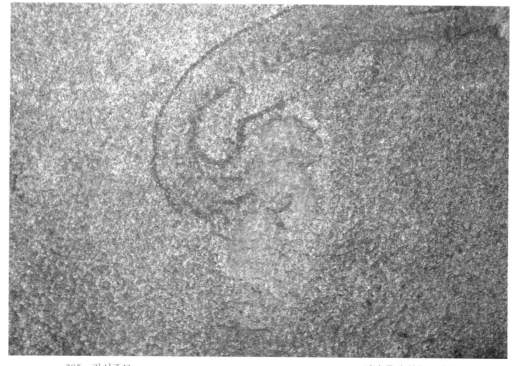

　널방 동벽 청룡도 뒷다리 발톱 부분

널방 남벽 왼쪽 주작도

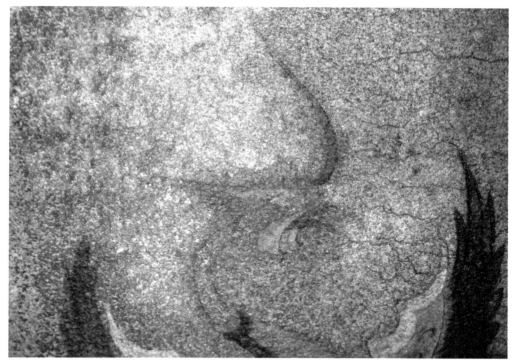

널방 남벽 왼쪽 주작도 상체 부분

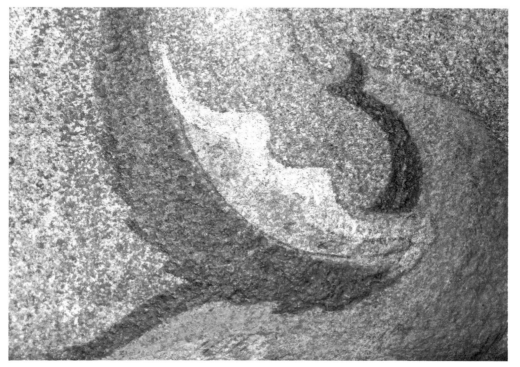

널방 남벽 왼쪽 주작도 날개 부분

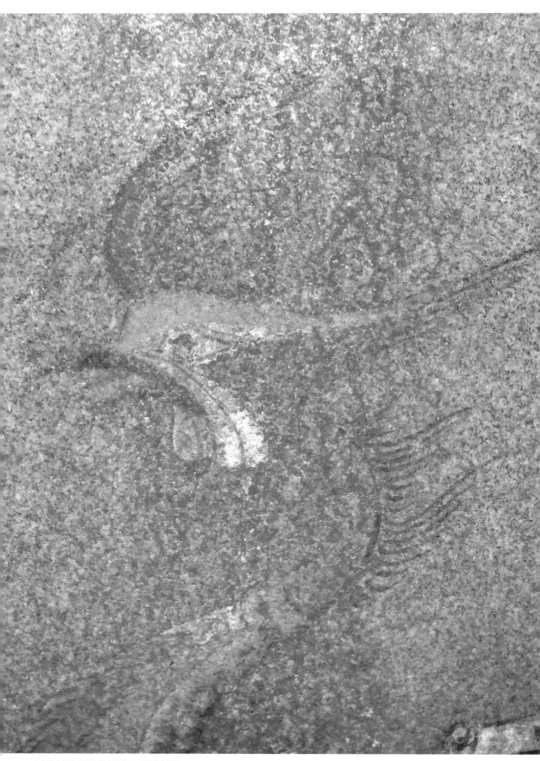

널방 남벽 오른쪽 주작도 상체 부분

널방 남벽 오른쪽 주작도

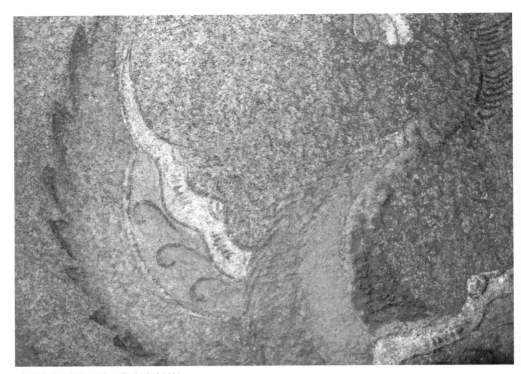

널방 남벽 오른쪽 주작도 몸과 날개 부분

널방 남벽 오른쪽 주작도 몸과 날개 분리 부분

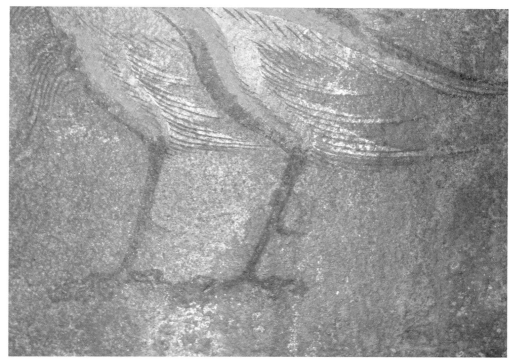

널방 남벽 오른쪽 주작도 다리 부분

널방 남벽 오른쪽 주작도 다리 깃털 부분

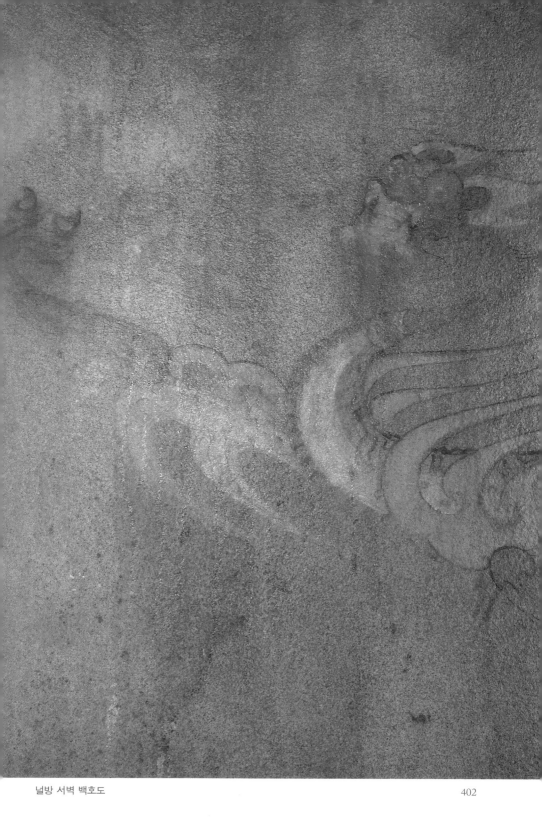

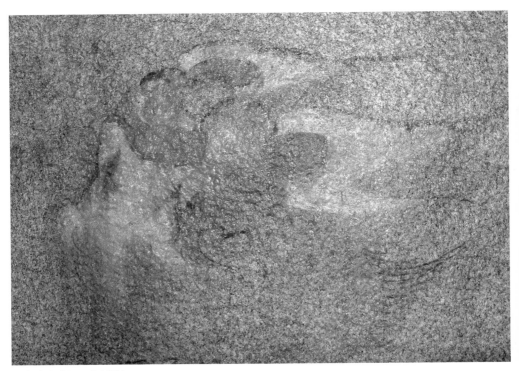

널방 서벽 백호도 머리 부분

널방 서벽 백호도 날개 부분

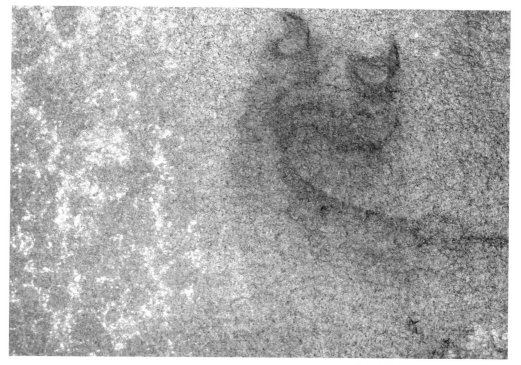

널방 서벽 백호도 올린 다리 발톱 부분

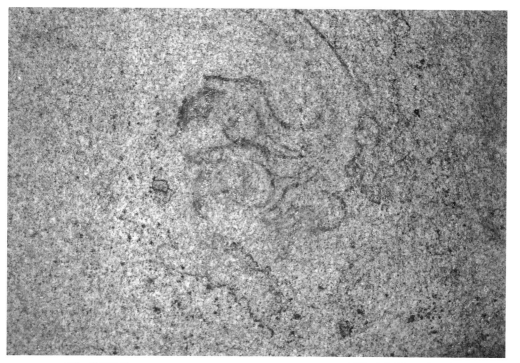

널방 서벽 백호도 뒤로 제낀 발톱 부분

널방 천정 동쪽 받침 인동당초무늬

널방 천정 남쪽 받침 인동당초무늬

널방 천정 북쪽과 동쪽 모서리 받침

널방 천정 북동쪽 모서리 받침

널방 천정 받침 인동당초무늬 부분

널방 천정 받침 인동당초무늬 부분

널방 천정 받침 당초무늬 부분

　　　　　　　　널방 천정 받침 서쪽 모서리 석회로 보수해 새로 그린 흔적

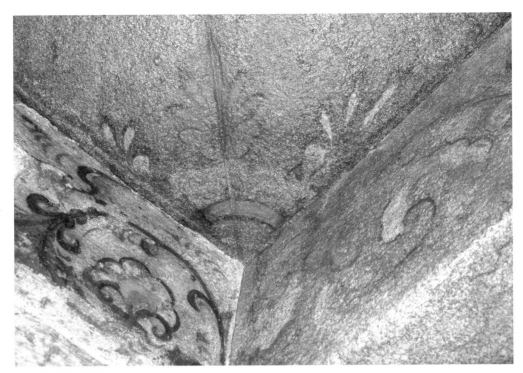

널방 천정 서쪽 모서리 부분

널방 천정 받침 동쪽 모서리 부분

널방 천정 북동쪽 모서리 아래 부분

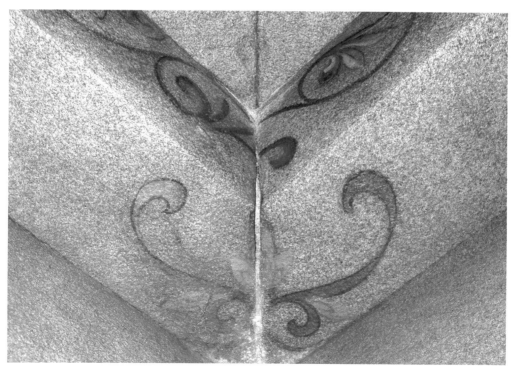

널방 천정 모서리 고사리무늬

널방 천정 북동쪽 모서리 부분

널방 천정 북동쪽 모서리 인동무늬 부분

널방 천정

널방 천정 중앙 연꽃

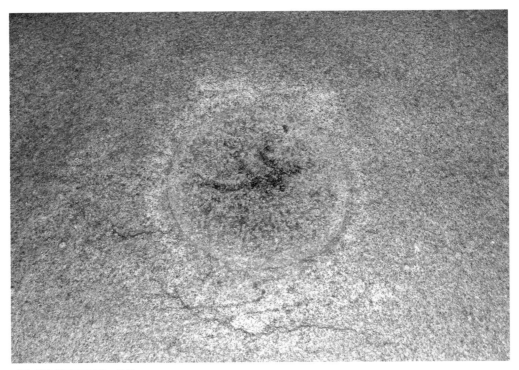

널방 천정 삼족오가 있는 일상

널방 천정 월상

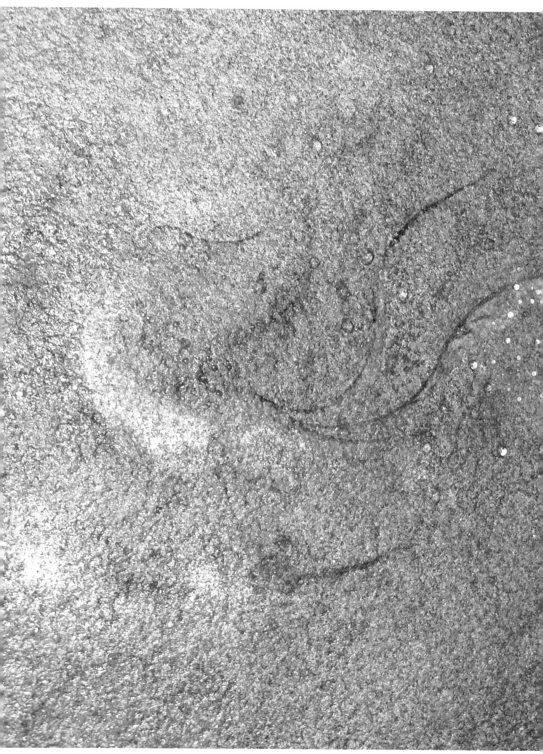

널방 천정 봉황

참고문헌

Chavannes, E., *Les Monuments de l'ancien royaume Coréen de Kao-keou-li*, Tong pao, 1908.

『朝鮮古墳壁畵集』, 李王職發行, 1916.

『朝鮮古蹟圖譜』 1, 2권, 朝鮮總督府, 1915.

關野貞, 『朝鮮美術史』, 1932. (심우성 역, 『조선미술사』, 동문선, 2003.)

關野貞, 『朝鮮の建築と藝術』, 岩波書店, 1942.

內藤湖南(內藤湖次郎), 『支那繪畵史』, 弘文堂書房, 1938.

池內 宏·梅原末治, 『通溝』 上下, 日滿文化協會, 1940.

『고구려발해연구』 1, 고구려발해학회, 1996.

『남북공동 고구려 벽화고분 보존실태 조사보고서』 제1권 조사보고, 남북역사학자협의 회·국립문화재연구소, 2006.

『남북공동 고구려 벽화고분 보존실태 조사보고서』 제2권 도판, 남북역사학자협의회· 국립문화재연구소, 2006.

『덕흥리고구려벽화무덤』, 과학백과사전출판사, 1981.

『백제 사비시대 능원과 고분』, 부여군, 2007.

『중국의 한국 고대문화 연구 분석』, 고구려연구재단, 2005.

강우방, 『한국미술의 탄생』, 솔, 2007.

강현숙, 『고구려와 비교해 본 중국 한, 위·진의 벽화분』, 지식산업사, 2005.

고구려연구회, 『고구려 고분벽화』, 학연문화사, 1997.

고유섭, 『조선미술사논총』, 1948. ; 통문관 복간, 1974.

과학원 고고학 및 민속학연구소, 『대동강류역 고분발굴보고』, 고고학자료집 1, 과학원 출판사, 1958.

국립광주박물관, 『고구려 고분벽화 모사도』, 통천문화사, 2004.

김경상·이기우, 『한 민족의 뿌리 고조선과 고분벽화에 담긴 고구려의 찬란한 문화』, 새 로운 사람들, 2019.

김기웅, 『고구려 고분벽화』, 서문당, 1994.

김기웅, 『한국의 벽화고분』, 동화출판공사, 1982.

김리나 편, 『고구려 고분벽화』, ICOMOS-Korea, 2004.

김용준, 『고구려 고분벽화 연구』, 과학원출판사, 1958. (근원 김용준 전집 4, 『고구려고 분벽화 연구』, 열화당 복간, 2001.)

김원룡 편, 『벽화』, 한국미술전집 4, 동화출판공사, 1974.

김원룡, 『한국미술사연구』, 일지사, 1987.

김원룡, 『한국벽화고분』, 일지사, 1980.

김은정·임린,『역사 속의 우리 옷 변천사』, 전남대학교 출판사, 2009.

김일권,『고구려 별자리와 신화』, 사계절, 2008.

김일권,『우리 역사의 하늘과 별자리』, 고즈윈, 2008.

김일성종합대학,『동명왕릉과 그 부근의 고구려유적』, 김일성종합대학 출판사, 1976.

김정배 편,『북한의 고대사연구와 성과』, 대륙연구소, 1994.

노태돈,『고구려사 연구』, 사계절, 1999.

동북아역사재단,『고구려의문화와 사상』, 2007.

동북아역사재단,『평양일대 고구려 유적』, 2007.

문명대 외,『고구려 고분벽화』, 한국미술사연구소 출판부, 2009.

문화보존지도국,『고구려벽화』, 조선중앙력사박물관, 1979.

박아림,『고구려 고분벽화, 유라시아 문화를 품다』, 학연문화사, 2015.

박아림,『고구려 벽화 연구의 현황과 콘텐츠 개발』, 동북아역사재단, 2009.

사회과학원 고고학 및 민속학연구소 고고학연구실 ,『미천왕무덤』, 사회과학원출판사, 1966.

사회과학원 고고학연구소 편,『고구려문화』, 사회과학출판사, 1975.

사회과학원출판사 편,『고구려벽화무늬』, 1962.

서병국,『다시 보는 고구려-그 삶과 정신』, 한국학술정보, 2004.

송석하,『고구려 고분과 악기』, 온이퍼브, 2019.

신형식,『집안 고구려유적의 조사연구』, 국사편찬위원회, 1996.

아즈마 우시오·다나카 도시아키, 박천수 외 역,『고구려의 역사와 유적』, 동북아역사재단, 2008.

안휘준,『고구려 회화』, 효형출판사, 2007.

안휘준,『한국 고분벽화 연구』, 사회평론, 2013.

안휘준,『한국회화사』, 일지사, 1980.

연합뉴스·공동통신,『고구려 고분벽화』, 2006.

오순제,『고구려는 어떻게 역사가 되었는가』, 채륜서, 2019.

윤명철,『고구려, 역사에서 미래로』, 참글세상, 2013.

윤병렬,『고구려 고분벽화에 그려진 한국의 고대철학』, 철학과 현실사, 2008.

윤희순,『고구려 벽화 감상』, 온이퍼브, 2019.

이경자,『한국복식사론』, 일지사, 1983.

이병도,『한국고대사연구』, 박영사, 1976.

이은창,『한국복식의 역사-고대편』 교양국사총서 29, 세종대왕기념사업회, 1978.

이인철,『고구려의 대외정복 연구』, 백산자료원, 2000.

이인철·서영수·이태호 외,『대고구려역사 중국에는 없다-한·중 역사전쟁의 시작-』, 예문당, 2004.

이종수,『벽화로 꿈꾸다』, 하늘재, 2011.
이태호,『이야기 한국미술사』, 마로니에북스, 2019.
이태호·유홍준 편,『고구려 고분벽화』2권(도판, 해설), 풀빛, 1995.
이형구 외,『고구려의 고고·문물』, 한국정신문화연구원, 1996.
전호태 외,『고구려 벽화로 본 고구려문화』, 고구려연구재단, 2005.
전호태,『고구려 고분벽화 연구 여행』, 푸른역사, 2012.
전호태,『고구려 고분벽화 연구』, 사계절, 2000.
전호태,『고구려 고분벽화와 만나다』, 동북아역사재단, 2019.
전호태,『고구려 고분벽화의 세계』, 서울대학교 출판부, 2005.
전호태,『중국화상석과 고분벽화 연구』, 솔, 2007.
정재서,『산해경과 한국문화』, 민음사, 2019.
정재서,『한국 도교의 기원과 역사』, 이화여자대학교 출판부, 2006.
정재서·전수용·송기정,『신화적 상상력과 문화』, 이화여자대학교 출판부, 2008.
정재훈·조유전 外 공저,『북한의 문화유산』, 고려원, 1990.
정호섭,『고구려 고분의 조영과 제의』, 서경문화사, 2011.
조선유적유물도감편찬위원회,『조선유적유물도감』5, 6(고구려편 3, 4), 외국문종합출
    판사, 1990.
조선일보사,『아! 고구려』집안 고구려 고분벽화, 1993.
주영헌,『고구려 벽화무덤의 편년에 관한 연구』, 과학원출판사, 1961.
진홍섭,『삼국시대의 미술문화』, 동화출판공사, 1976.
최무장,『고구려 고고학』, 민음사, 1995.
최무장,『고구려 벽화고분』, 신서원, 1998.
최무장·임연철 편저,『고구려 벽화고분』북한의 벽화고분 발굴보고서 편집, 신서원,
    1990.
최순우,『한국회화』권1(「고분벽화」, 고대·고려편), 도산문화사, 1981.
최홍식,『그림으로 본 조선력사』23-고구려의 넋이 깃든 벽화, 조선출판물수출입사,
    2003.
평양문화보존소 편,『강서삼묘』, 조선중앙력사박물관, 1979.
한국고대사학회,『고구려의 역사와 문화유산』, 서경문화사, 2004.
한국미술사학회 편,『고구려 미술의 대외교섭』, 예경, 1996.
한국방송공사,『고구려 고분벽화』, 1994.
한국정신문화연구원,『북한의 한국학 연구성과 분석』역사·예술편, 1991.
한성백제박물관,『고구려 고분벽화』, 2016.

耿铁华, 『高句丽古墓壁画研究』, 吉林大學出版社 2008.

『高句麗考古』, 吉林大學出版社, 1994.

『高句麗歷史與文化研究』, 吉林文史出版社, 1997.

吉林省文物志編委會, 『集安縣文物志』, 1984.

『吉林省博物館學會成立十周年紀念文集』, 1992.

尹国有, 『高句丽壁画研究』, 吉林大學出版社, 2003.

中國美術全集編輯委員會 編, 『中國美術全集』12 繪畵編 墓室壁畵, 文物出版社, 1989.

集安博物館, 『高句麗研究文集』, 延邊大學出版社, 1993.

『高句麗古墳壁畵』, 共同通信社, 2005.

『高句麗古墳壁畵』, 朝鮮畵報社, 1984.

『高句麗と日本の古代文化』, 講談社, 1986.

高句麗文化展實行委員會編, 『高句麗古墳壁畵史料集』5卷, 1985.

高句麗文化展實行委員會編, 『高句麗古墳壁畵と高松塚』, 1985.

高句麗文化展實行委員會編, 『高句麗文化展』, 1985.

金基雄, 『朝鮮半島の壁畵古墳』, 六興出版社, 1980.

讀賣テレビ放送編, 『好太王碑と集安の壁畵古墳』, 木耳社, 1988.

東潮, 『高句麗考古學研究』, 吉川弘文館, 1997.

梅原末治□藤田亮策 編, 『朝鮮古文化綜鑑』第4卷, 養德社, 1966.

方起東 著, 岡村秀典 譯, 『好太王碑と集安の壁畵古墳』, 木耳社, 1988.

杉山信三, 『高句麗の都城遺跡と古墳』, 同朋祀, 1992.

上原和, 『高句麗と日本古代文化』, 講談社, 1986.

水野祐, 『高句麗壁畵古墳と歸化人』, 雄山閣, 1972.

有光敎一, 『高松塚古墳と飛鳥』, 中央公論社, 1972.

井上秀雄, 『高句麗の故地をすねて』, 東京出版, 1986.

町田章, 『古代東アジアの裝飾墓-高松塚古墳の源流を求めて』, 同朋社, 1987.

齊藤忠, 『壁畵古墳の系譜』後篇, 學生社, 1989.

齊藤忠, 『古代朝鮮文化と日本』, 東京大學出版會, 1981.

齊藤忠, 『裝飾古墳·圖文からみた日本と大陸文化』, 日本書籍, 1983.

早乙女雅博, 『關野貞アジア踏査』, 東京大學綜合研究博物館, 2005.

朱榮憲 著, 永島暉臣愼 譯, 『高句麗の古墳壁畵』, 中央公論社, 1972.

Lee, Taeho, Chai-Shin Yu, *Early Korean Art and Culture*, YORK University Printing Services, Canada, 2011.

Park, Ah-Rim, *Tomb of the Dancers Koguryo Art in East Asian funerary Art*, University of Pennsylvania in Partial fullfillment of the Requirement of the degree of Doctor of philosophy, 2002.

Stevenson, Miwha Lee, *Webs of Signification-Representation as Social Transformation in the Muraled Tombs of Koguryo*, Columbia University, 1999.

주석

1 이태호, 「한국의 고대 산수화-고구려 고분벽화를 중심으로」, 홍익대학교 대학원, 1978.

2 이태호, 「日象·月象-동양 고대미술에서 해와 달의 표현과 사상」, 『대학원논고』 3호, 홍익대학교 대학원, 1979.

3 이태호, 「고구려 벽화고분」 1~36, 『北韓』, 북한연구소, 1979년 6월호~1982년 5월호.

4 이태호, 「삼국시대 회화」, 『한국미술사』 한국예술사총서 II, 대한민국 예술원, 1984.

5 이태호, 「한국 고대산수화의 발생 연구-삼국시대 및 통일신라시대 산악과 수목표현을 중심으로」, 『미술사료』 38, 국립중앙박물관, 1987.

6 이태호·유홍준, 『고구려 고분벽화』 도판 및 해설 전2권, 풀빛출판사, 1995.

7 이태호, 『조선미술사 기행1-금강산, 천년의 문화유산을 찾아서』, 다른세상, 1999.

8 이태호, 「삼국시대 후기 고구려와 백제의 사신도벽화-회벽화와 석벽화의 표현방식을 중심으로」, 고구려연구회 편, 『고구려벽화의 세계』, 고구려연구 16집, 학연문화사, 2003.

9 이태호, 「고구려를 다시 보자」 14회 연재, 동아일보, 2004년 1월 1일~3월 30일; Lee Taeho, "Goguryeo Kingdom seen through murals", *The Korea Herald*, 2004. 5. 6.; 이태호, 「벽화로 본 고구려-백제·신라·가야와 닮고 중국과 다른 것들」, 이인철·서영수·이태호 外, 『대고구려 역사 중국에는 없다』, 예문당, 2004.

10 이태호, 「평양지역 8기의 고구려 벽화고분-벽화의 내용과 화풍」, 『남북 공동 고구려벽화고분 보존실태조사보고서』 제1권 조사보고, 국립문화재연구소·남북역사학자협의회, 2006. 9.

11 Lee, Tae Ho, "Colorful Tomb Murals Recreate the Lives and Faiths of Goguryeo People", *Korean Heritage*, 2008; 『高句麗の色·韓國の色』, 東北亞歷史財團·駐大阪韓國文化院, 2008. 11.

12 이태호, 「고구려 진파리1·4호분의 벽화와 삼국시대 후기 산수표현」, 『고구려 고분벽화』, 한국미술사연구소 출판부, 2012.

13 이태호, 「평양지역 8기의 고구려 벽화고분-벽화의 내용과 화풍」, 『남북 공동 고구려벽화고분 보존실태조사보고서』 제1권 조사보고, 국립문화재연구소·남북역사학자협의회, 2006. 9.

14 이태호,「고구려 진파리1·4호분의 벽화와 삼국시대 후기 산수표현」,『고구려 고분 벽화』, 한국미술사연구소 출판부, 2012.

15 이에 대하여는 2008년 4월 11일 영주시청과 사단법인 국학원이 개최한 '영주문 화유산 선양을 위한 학술포럼'에서 같은 제목으로 발표한 적이 있다.『순흥 고분 의 역사적 의미와 문화적 가치』, 국학학술원, 2008.; 이태호,「高句麗와 新羅 미술 이 공존하는 榮州 順興의 邑內里壁畵古墳과 台庄里 於宿墓」,『미술자료』79, 국립 중앙박물관, 2010; 이태호,「고구려의 고분인가? 신라의 고분인가?-영주 순흥 지 역 벽화고분」,『남한의 고분벽화』, 국립문화재연구소, 2019. 6.

16 이태호,「부여 능산리 東下塚의 벽화-백제 후기의 사신도와 연운문」,『백제 사비 시대 능원과 고분』부여군 백제신서 4, 부여군, 2007. 9.

17 이태호·임린,「고구려 고분벽화에 나타난 놀이복식」,『복식』60권 3호, 한국복식 학회, 2010.3.

18 이태호,「한국 검무의 발생 배경과 조선 후기 풍속화 기록화의 여성 쌍검무」,『인 문과학연구논총』, 명지대학교 인문과학연구소, 2016.

19 Lee, Taeho, Chai-Shin Yu, *Early Korean Art and Culture*, YORK University Printing Services, Canada, 2011.

20 이상수·안병찬,「고구려 고분벽화 제작기법 시고」,『고구려발해연구』5, 고구려발 해학회, 1998; 안병찬,「고구려 고분벽화의 제작기법 연구-바탕벽 제작기법을 중 심으로」,『고구려발해연구』16, 고구려발해학회, 2003.

21 이태호,「고구려 고분벽화와 삼국시대 회화」,『고구려 고분벽화 해설』, 이태호·유 홍준,『高句麗古墳壁畵』(全2권), 풀빛, 1995.

22 안병찬·홍종욱,「고구려 고분벽화의 안료분석」,『남북공동 고구려벽화고분 보존 실태 조사보고서』, 국립문화재연구소·남북역사학자협의회, 2006. 9.

23 임권웅·이종헌,「고구려 오회분 오호묘 벽화의 조벽지(粗壁地)기법에 대한 연구- 옻칠기법의 적용 가능성에 대한 검토」,『고구려방해연구』30, 고구려발해학회, 2008.3.

24 이태호,「고구려의 옻칠화를 되찾다」, 이종헌·조해리,『옻칠화 처음보기』, 헥사곤, 2018.

25 『高句麗の色·韓國の色』, 東北亞歷史財團·駐大阪韓國文化院, 2008. 11.

26 이태호,「평양지역 8기의 고구려 벽화고분-벽화의 내용과 화풍」,『남북 공동 고구 려벽화고분 보존실태조사보고서』제1권 조사보고, 국립문화재연구소·남북역사 학자협의회, 2006. 9.

27 비문의 내용을 보면, 조선 초 경재 하연(敬齋 河演, 1376~1453)이 안악 군수 시절 치적을 1845년 남병철(南秉哲, 1817~1863)이 짓고 쓴 것이다.

28 안악3호분은 발굴보고가 남북한에서 거의 동시에 소개된 사례이다. 남쪽은 채병서(1959)에 의해 이루어졌다. 안악3호분의 발굴보고와 1950~1960년대 쟁점에 대한 논저는 아래와 같다.

사회과학원, 1958, 『안악3제호분 발굴보고서』, 과학원출판사.; 김용준, 「안악제3호분의 연대와 그 주인공에 대하여」, 『문화유산』, 1957. 3.; 전주농, 「안악하무덤제3호분에 대하여」, 『문화유산』, 1959. 5.; 주영헌, 「안악제3호분의 피장자에 대하여」, 『고고민속』, 1963. 2.; 박윤원, 「안악제3호분은 고구려 미천왕릉이다」, 『고고민속』, 1963. 2.; 전주농, 「다시 한번 안악왕릉을 논함」, 『고고민속』, 1963. 12.; 사회과학원, 『미천왕릉무덤』, 사회과학원출판사, 1966.; 주영헌, 「주요 고구려 벽화무덤의 주인공에 대하여」, 『高句麗古墳壁畵』, 朝鮮畵報社, 1985.; 채병서, 「안악지방 벽화고분 발굴수록」, 『아세아연구』 1권 2호, 1959.; 채병서, 「안악지방의 벽화고분」, 『백산학보』 2호, 1967. 5.; 김원룡, 「고구려 고분벽화의 기원에 대한 연구」, 『진단학보』 21집, 1961.; 宿白, 「朝鮮安岳所發現的冬壽墓」, 『文物參考資料』, 1959. 1.; 洪晴玉, 「關于冬壽墓的發現和研究」, 『考古』, 1959. 1.; 岡崎敬, 「安岳三號墳(冬壽墓)研究」, 『史淵』 93輯, 1964.; 김정배, 「안악3호분 피장자 논쟁에 대하여-동수묘설과 미천왕릉설을 중심으로」, 『고문화』 16집 1977.

29 이태호, 「한국 검무의 발생 배경과 조선 후기 풍속화 기록화의 여성 쌍검무」, 『인문과학연구논총』, 명지대학교 인문과학연구소, 2016.

30 김용남, 「새로 알려진 덕흥리 고구려 벽화무덤에 대하여」, 『력사과학』, 1979. 3.; 박진욱·김종혁·주영헌, 『덕흥리 고구려 벽화무덤』, 사회과학원 고고학연구소, 1981.; 김원룡, 「고구려 벽화고분의 신자료」, 『역사학보』 81집, 1979.; 云鋒銘學, 「朝鮮德興里高句麗壁畵墓」, 『東北考古學與文物』 1輯, 1982.; 上原和, 「德興里古墳の墓誌銘と壁畵」, 『藝術新潮』, 1979. 2.; 『德興里高句麗壁畵古墳』, 講淡社, 1985.

31 이태호, 「한국 고대 산수화의 발생 연구」, 앞 글, 1987.

32 김종혁, 「수산리 고구려 벽화무덤 발굴보고」, 『고고학자료집』 4집, 1974.; 김종혁, 「수산리벽화무덤과 다까마쯔쯔카무덤」, 『력사과학』 1985. 1.

33 전주농, 「전(傳)동명왕릉 부근 벽화무덤」, 『고고학자료집』 3집 , 1963.
梅原末治·藤田亮策 編, 『朝鮮古文化綜鑑』 4卷, 養德社, 1960.

34 이태호, 「삼국시대 후기 고구려와 백제의 사신도벽화」, 앞 글, 2003.

35 전주농, 「전(傳)동명왕릉 부근 벽화무덤」, 『고고학자료집』 3집, 1963.; 梅原末治·藤田亮策 編, 『朝鮮古文化綜鑑』 4卷, 養德社, 1960.

36 이태호, 「한국 고대 산수화의 발생연구」, 앞 글, 1987.

37 朝鮮總督府, 『大正五年度古蹟調査報告』, 1917.; 朝鮮總督府, 『高句麗時代之遺蹟』(古蹟調査特別報告 第5冊), 1930.

38 關野貞, 「朝鮮江西に於ける高句麗時代の古墳」, 『考古學雜誌』3卷 8號, 1913.; 朝鮮總督府, 『朝鮮古蹟圖譜』卷2, 1915.; 李王職 發行, 『朝鮮古墳壁畵集』, 1916.; 이병도, 「강서고분의 기원에 대한 연구」, 『동방학지』1집, 1954.

39 이태호, 「삼국시대 후기 고구려와 백제의 사신도벽화」, 앞 글, 2003.

40 이태호, 「한국 고대 산수화의 발생연구」, 앞 글, 1987.

41 이태호, 「한국 고대 산수화의 발생연구」, 앞 글, 1987.

42 關野貞, 「朝鮮江西に於ける高句麗時代の古墳」, 『考古學雜誌』3卷 8號, 1913.; 朝鮮總督府, 『朝鮮古蹟圖譜』卷2, 1915.; 李王職 發行, 『朝鮮古墳壁畵集』, 1916.